DICTIONNAIRE
DES INVENTIONS

DÉCOUVERTES

ET PERFECTIONNEMENS

DE L'INDUSTRIE

QUI INTÉRESSENT LES GENS DU MONDE ;

PAR A. M. PERROT.

PARIS

A. J. DÉNAIN, ÉDITEUR,

26, RUE DES SAINTS-PÈRES.

—

1837.

IMPRIMERIE DE HENRI DUPUY,
rue de la Mounaie, n. 11.

La haute industrie a trouvé des organes pour propager ses découvertes ; mais les choses usuelles, celles qui intéressent le plus grand nombre de personnes, restent confondues avec les prétendues inventions tant prônées par le charlatanisme des annonces.

Notre but a été de réunir toutes celles d'un emploi journalier, et qui peuvent avoir une utilité réelle ou un agrément individuel ; et pour éviter toute erreur, nous n'avons admis que les inventions, découvertes ou perfectionnemens qui ont été examinés, jugés et récompensés par des Sociétés savantes.

Chaque année un volume semblable fera connaître les découvertes nouvelles et les perfectionnemens bien constatés. Ce sera une espèce d'ANNUAIRE INDUSTRIEL *à l'usage des gens du monde*, dans lequel on trouvera tout ce qui peut être avantageux sous le rapport du bien-être, du bon goût, et surtout sous celui de l'amélioration de l'économie domestique.

A. J. DÉNAIN, *éditeur*.

DICTIONNAIRE
DES INVENTIONS
ET PERFECTIONNEMENS
DE L'INDUSTRIE.

AFFILOIRS.

M. Arnaud Clerc, rue du Buisson Saint-Louis, n. 16, fabrique des Affiloirs d'un nouveau système, exécutés avec le plus grand soin, à pied de marbre ou ordinaire, à chevalets, etc. On trouve aussi dans le magasin de ce fabricant plusieurs instrumens et appareils d'économie domestique.

AGATHOGRAPHE.

Les encouragemens donnés par la *Société libre des beaux-arts*, et la médaille décernée par *l'Athénée* à M. Simyan, inventeur de ce nouvel instrument de perspective, justifient l'accueil favorable qu'il a ensuite reçu du public. Les artistes, les voyageurs et les personnes même peu versées dans l'art du dessin lui ont généralement donné la préférence sur la *Chambre-claire* et les autres moyens de ce genre. L'instrument est très-portatif; il ne se démonte pas, et son prix qui est de 35 fr. le met à la portée de tout le monde. En peu de temps, les personnes qui n'ont même jamais dessiné, peuvent obtenir le tracé correct d'un paysage, d'un groupe, d'une pose, copier ou réduire exactement un tableau sans l'approcher.

ALBATRE.

Parmi les artistes qui sont parvenus à tirer un grand parti de cette pierre, nommée albâtre, et que l'on exporte généralement de la Toscane, on doit remarquer M. ELIE, rue Bourg-l'Abbé, n. 2. Il offre surtout au public une grande variéte de modèles de pendules, vases et autres ornemens du meilleur goût et du travail le plus soigné et le plus fini.

ALLIAGE.

M. MOUSSIER-FIÈVRE, rue des Fossés-Montmartre, n. 27, a obtenu un brevet pour l'invention d'un alliage imitant l'argent et n'offrant aucun des inconveniens reprochés aux produits analogues. On a remarqué à la dernière exposition de l'Académie de l'industrie un service fabriqué avec cette composition. Voyez *Maillechort.*.

ANSÉRINES.

Les plumes métalliques qui offrent tant d'avantages et d'économie, ne peuvent cependant être employées par un assez grand nombre de personnes, à qui elles opposent des difficultés souvent insurmontables. M. LAHAUSSE, rue du faubourg Poissonnière, n. 1, prépare des becs de plumes naturelles par un procédé qui leur donne plus d'élasticité et de durée. Taillés avec le plus grand soin, ils se montent sur un manche semblable à celui qui sert aux plumes d'acier ou de corne. Les becs de M. Lahausse sont renfermés dans de petites boîtes du prix de 1 fr. 5o c. le cent.

APPAREILS.

Appareil économique pour faire cuire à la vapeur toute espèce de légumes verts, inventé par M. CHEVALIER, rue Montmartre, n. 140. Prix 10 et 12 fr. On trouve chez le même fabricant :

Appareil fumigatoire à colonne pour prendre des bains de vapeurs locaux et avec lequel on peut prendre également un bain complet ; le prix est de 38 fr.

Appareil fumigatoire portatif, pour prendre à volonté des bains de vapeurs complets ou des douches et fumigations locales, au prix de 45 et 55 fr.

Les produits de la fabrique de M. Chevalier, qui sont nombreux et variés, ont obtenu des récompenses de l'Athénée des arts, de l'Académie de l'industrie et du jury de l'Exposition de 1834.

Appareils pyrostatiques de M. SOREL et compagnie, rue du Bouloi, n. 4.

Le *Pyrostat* ou *régulateur du feu,* inventé par M. Sorel, peut s'appliquer dans tous les cas où l'on a besoin d'une chaleur réglée et d'une longue combustion. Il offre l'avantage de maintenir la combustion avec une température constante pendant 24 heures sans renouveler le combustible. On trouve chez M. Sorel des appareils de cuisine élégans et économiques, des bains-marie, des couvoirs pour faire éclore toutes sortes d'oiseaux.

Les produits de la fabrique de M. Sorel et compagnie ont obtenu des médailles de la Société d'encouragement et de l'Académie de l'industrie. Voyez l'article *Siphon*.

La mort a frappé M. Lemare, qui a rendu de si grands services à l'économie domestique; mais heureusement son gendre a pris la direction de son etablissement, quái Conti, n. 3, près du Pont-Neuf, où l'on trouve toujours les Caléfacteurs-Lemare approuvés par l'Académie des sciences, comme utilisant plus des neuf dixièmes de la chaleur, et pour lesquels il a été décerné à l'inventeur, breveté de perfectionnement en 1831, 1833, une médaille d'argent, en 1827 deux médailles d'or, et un prix de 2500 f. par la Société d'encouragement en 1833. Les principaux appareils sont :

1°. Caléfacteur-pot-au-feu, cuisant 7 plats, y compris le rôti, avec un ou deux sous de charbon, conservant aux viandes et aux légumes tout leur parfum;

2°. Caléfacteur des bains, chauffant le linge et tenant en réserve de l'eau pour réchauffer le bain;

3º. Caléfacteur des fermes pour bestiaux :

4º. Caléfacteur marin, caléfacteur militaire, éminemment portatifs ;

5º. Caléfacteur-alambic, pour essai des vins, pour distiller les fleurs, etc. ;

6º. Caléfacteur-couvoir pour 20, 50, 100 œufs, etc., avec régulateur du feu.

Prix : 45, 70 et 100 fr. ;

7º. Cafetière accélérée, se servant de réchaud, brevet de perfectionnement de dix ans (juin 1833.)

Pantothermes et *aérothermes*. — Deux brevets de dix ans ont été pris en 1833 et 1834, savoir : l'un pour les poëles et cheminées-pantothermes, c'est-à-dire utilisant presque toute la chaleur.

Le second pour les fours aérothermes, c'est-à-dire chauffés sans introduction de combustible, mais par l'air chaud seul qui entre dans le four, et le chauffe à 100, 200, 300 degrés, etc., à volonté.

Ces fours sont destinés à cuire le pain, à vaporiser les sirops, les sels, à chauffer les machines à vapeur, sans altérer ni le métal, ni les qualités des substances chauffées. Ce brevet a été pris en commun par MM. Jamtel aîné et Lemare.

Les appareils de cuisson inventés par MM. Borrani frères, rue de Surêne, n. 6, réunissent tous les avantages désirables ; la combinaison qui fait activer la célérité dans le système de combustion est si bien établie que les pièces ou appartemens sont chauffés avec une promptitude réellement surprenante. Ce résultat est dû aussi à la forme de l'appareil, aux dispositions des bouches de chaleur, tellement coordonnées qu'il n'y a aucune déperdition inutile de calorique.

Les appareils de cuisson sont très-propres aux grandes administrations et aux établissement publics, tels que casernes, hôpitaux, colléges, pensionnats, prisons, etc. ; cependant l'inventeur a su tellement les graduer qu'ils peuvent être employés avec beaucoup d'avantage dans les maisons particulières où les besoins de l'économie s'allient à ceux d'un luxe bien entendu.

Les restaurateurs surtout doivent s'empresser de visiter les Borranifères, et ils seront bientôt convaincus des avantages qu'ils en peuvent tirer sous le triple rapport de la propreté, de l'économie et de la célérité.

Les appareils de chauffage seulement se recommandent par deux qualités bien essentielles ; l'économie du combustible et la promptitude avec laquelle la chaleur se répand. C'est en un mot le même système appliqué avec autant d'intelligence que de bonheur : ce qui distingue surtout les Borranifères, c'est le peu d'espace qu'ils occupent ; enfin ils sont applicables à toutes les localités, et se soumettent à toutes les fortunes.

L'inventeur a appliqué son procédé à la confection de fourneaux pour les limonadiers, chapeliers, tailleurs, blanchisseurs, etc. Dans chacun de ces différens fourneaux, l'emploi du calorique est tellement calculé, et la forme de chaque fourneau si heureusement appropriée aux besoins de la profession, qu'en même temps que la chaleur agit sur les matières, ou sur les objets utiles à chacune d'elles, on peut encore au besoin faire quelques préparations de cuisine, telles que légumes, rôtis, etc.

Un grand assortiment de Poêles, au chauffage desquels il a appliqué son système, sont exposés au public dans les magasins de M. Borrani. L'élégance s'y réunit à la solidité et à l'économie ; enfin c'est le problème résolu de produire promptement et à peu de frais une chaleur douce, exempte des vapeurs fuligineuses qui, dans les poêles ordinaires, ont l'inconvénient de rougir les tentures des appartemens et d'altérer en peu de temps les peintures qui les décorent.

Un brevet d'invention accordé pour dix ans assure à l'auteur la propriété de ces découvertes, dont on peut voir chaque jour les modèles dans son domicile.

APPRÊT

DE DENTELLES ET DE BLONDES.

Madame LEPAIGE, rue Regratière, n. 12, île Saint-Louis, après de nombreux essais, a trouvé un moyen de blanchir les blondes et les tulles sans les attacher ni les soufrer, et en conservant le réseau, le dessin et le picot dans leur état primitif. Cette découverte, si utile aux fabricans de blondes, puisqu'elle donne la facilité de vendre toutes les anciennes blondes, comme des neuves, présente de plus une économie de 50 pour 100, et l'avantage de les maintenir plus long-temps dans leur blancheur.

Par ce procédé, on supprime l'emploi des épingles.

Madame Lepaige se charge de toutes espèces de raccommodages en ce genre.

ARGENT NEUF.

Voyez *Maillechort.*

ARTIFICE.

Les personnes qui auraient le désir de tirer quelques pièces d'artifice, pour la célébration de quelques fêtes ou autres divertissemens, peuvent s'adresser à M. CHAROY, artificier breveté, rue du faubourg du Temple, n. 124, qui a perfectionné les produits variés de sa fabrique.

ASTÉARES

OU LAMPES-CHANDELLES.

M. JOANNE, rue Saint-Avoye, n. 63, ou passage Choiseul, n. 62, chez M. Madoulé, a inventé des lampes à contre-poids, disposées dans le but de brûler l'huile sans aucune intermittence et d'éclairer sans projeter d'ombre. L'Astéare se compose de deux tubes, l'un extérieur formant le corps de la lampe: l'autre intérieur, dans lequel l'huile, refoulée par un poids qui appuie sur le piston, monte par l'ouverture placée à la hauteur du bec et alimente la mèche; ce tube, dans sa partie supérieure, traverse le réservoir; il est en cet endroit percé d'une ouverture latérale qui donne passage à l'huile.

Les lampes à courant d'air de M. Joanne n'exigent que les soins des lampes ordinaires et ne coûtent, à richesse et grandeur égales, que moitié des lampes Carcel.

Les Astéares, ou lampes-chandelles, ne consument que pour un centime d'huile par heure; elles ont obtenu une médaille à l'Exposition de 1834.

BAIGNOIRES.

M. Lamy, rue de la Verrerie, n. 67, fabrique des Baignoires en zinc d'une nouvelle forme, qui ne reçoivent aucune altération des eaux minérales et ne conservent aucune odeur.

Le prix d'une Baignoire polie en dedans et vernie à l'extérieur est de 250 f. et en zinc simple 90 f.

M. Chevalier, ferblantier lampiste, rue Montmartre, n. 140, auteur de plusieurs appareils d'économie domestique, dont l'ensemble a obtenu une médaille de l'Athénée des arts et une autre de l'Académie de l'industrie, offre des Baignoires à réservoir supérieur, construites avec beaucoup de soin et présentant de notables avantages. Prix : 150 à 170 f.

BALANCES.

L'utilité de cet ustensile, qui se trouve trop rarement dans les ménages, doit cependant le faire rechercher, surtout fait avec ce soin et cette précision que l'on remarque dans tous les objets sortis des ateliers de M. Chemin, membre de l'Athénée des arts, rue de la Ferronnerie, n. 4.

BALEINES.

La baleine est préparée avec un soin très-remarquable dans les ateliers de M. T. Hamelaerts, rue Saint-Sauveur, n. 24, où l'on trouve des montures de parapluies et ombrelles, des baleines pour corsets, des baguettes de fusils, fouets, cannes et badines du meilleur goût.

BASSINOIRES.

Les *Bassinoires sanitaires* à l'eau bouillante

de l'invention de M. FAYARD, pharmacien, rue Montholon, n. 18, ont été approuvées par l'Académie royale de Médecine, pour le lit, la chambre et la voiture. Ces bassinoires, bouchées hermétiquement par leur manche entièrement rentré dans l'intérieur, peuvent, à cause de cette heureuse disposition, rester dans le lit, pour y entretenir une douce chaleur, soit aux pieds, soit sur toute autre partie du corps. Pendant le jour on les place dans des tabourets faits exprès, et recouverts en étoffe au choix des personnes, ou fournies par elles, ou bien dans des chancelières d'une forme toute particulière, qui peuvent servir à deux personnes, dont l'une a les pieds dedans et l'autre dessus.

La *Bassinoire à l'eau bouillante*, de M. Chevalier, rue Montmartre, n. 140, qui peut aussi servir de boule de lit, se vend 16 f. Voyez *Hydrocarbonifère*.

BDELLAPHORE.

Cet appareil pour l'application des sangsues sur toutes les parties du corps a été mentionné honorablement par l'Athénée des arts. Prix :

25 fr., chez M. Chevalier, rue Montmartre,
n. 140.

BIJOUX.

M. HOUDAILLE, rue Saint-Martin, n. 171,
fabrique des bijoux en imitation d'or d'un fini
précieux et d'une dorure très-solide; il est impossible de distinguer ces bijoux de ceux faits
avec de l'or par les plus habiles ouvriers. Le
prix des boucles est de 2 à 12 fr. et peut servir de terme de comparaison avec celui des autres objets.

Le même fabricant exécute avec le même
succès les bijoux en fer, genre de Berlin, mais
avec plus de perfection et de légèreté que ceux
de la Prusse, et les bijoux en jais du plus
beau brillant. M. Houdaille a obtenu une médaille à l'Exposition de 1834 et une médaille
de l'Académie de l'industrie en 1836.

M. MARION-BOURGUIGNON, joaillier-bijou-
tier, marchand de perles, passage de l'Opéra,
n. 19 et 20, et breveté de S. M. la Reine des
Français, s'était déjà fait distinguer à l'Exposition de 1827. Il a exposé en 1834 une couronne de fleurs composée de bleuets d'épis et

de feuilles de blé ; les épis à trois grains et sans pièces de rapport ; le tout monté en or et argent. Cette couronne peut se défaire avec la plus grande facilité et ses diverses parties forment alors huit jolis bouquets.

A côté de cette couronne se trouvait une collection de différens articles de bijouterie ; peignes, guirlandes, boucles-d'oreilles, perles artificielles, pierres taillées brutes, en morceaux et dans leurs creusets, et tous ces objets ont confirmé la belle renommée de perfection des produits de cette maison.

La bijouterie de M. BARTHÉLEMY, Palais-Royal, n. 112, a été remarquée aux dernières expositions par son bon goût et sa variété ; elle a obtenu plusieurs honorables récompenses.

BIJOUX DE DEUIL.

Les bijoux de deuil de la fabrique de M. RICHARD, rue Grenier-Saint-Lazare, n. 31, sont d'une exécution remarquable et d'une grande modération de prix.

BIJOUTERIE EN JAIS.

Les bijoux en jais, de la fabrique de M. MARCHAND, rue Michel-le-Comte, n. 23, sont très-remarquables par leur solidité et leur belle exécution. M. Marchand a atteint en ce genre toute la perfection qu'on peut désirer. Ses produits ne laissent rien à désirer par l'élégance de leur confection et l'agréable diversité de leurs formes.

BLONDES.

Cette étoffe, peu en faveur dans ces dernières années, reparaît maintenant grâce aux heureux efforts de M. VIOLARD, rue de Choiseul n. 2 *bis*, qui a remplacé les dessins lourds que l'on voyait sur les blondes, par des dessins légers sur fonds de champs et autres. En 1834, M. Violard a obtenu une médaille à l'Exposition des produits de l'industrie, et ses magnifiques blondes, exposées en 1836 par la Société de l'industrie, ont fixé d'une manière particulière l'attention publique.

BOUGIE.

La fabrication de la bougie avait jusqu'à présent laissé beaucoup à désirer. Les bougies de la cire la plus pure présentaient souvent dans leur usage de graves inconvéniens; souvent elles coulaient, même sans agitation de leur flamme, et se couronnaient d'une partie charbonnée qui nuisait à l'éclat de la lumière.

La bougie dite de *l'étoile*, dont la propagation a été si rapide et l'usage si généralement adopté, est exempte de tous ces défauts. Placée dans un air tranquille, elle brûle d'un bout à l'autre sans jamais couler ; sa clarté est vive, blanche, brillante et d'une immobilité parfaite. Si, par l'effet de déplacemens brusques et successifs, elle vient à couler, le liquide qui s'en échappe se concrète instantanément, et se détache à l'instant sous forme de branches de la bougie, qui conserve tout l'eclat de son poli et la régularité de son aspect.

Ce produit est indigène, et le prix auquel il revient a permis de livrer la bougie de l'Étoile à la consommation à 2 fr. 25 c. Si l'on considère qu'à l'époque de la guerre, la cire, vu la difficulté des importatious, se vendait 5 fr. la livre, importations qui aujourd'hui même sont encore d'une haute importance, on doit se féliciter d'une découverte qui, en satisfaisant à la fois à nos besoins et à toutes les exigences du luxe, tend à affranchir le pays d'un tribut que jusqu'à présent il a payé à l'étranger : aussi la Société d'encouragement de l'industrie a-t-elle décerné une médaille d'argent à l'inventeur, M. DEMILLY.

Les magasins de la manufacture des bougies de l'étoile sont rue du Dauphin-Rivoli, n. 1, et rue Vivienne, n. 15.

M. LAGRANGE aîné, successeur de Débitte jeune, rue du Roule, n. 16, *à la Renommée*, breveté de perfectionnement et seul inventeur des *Bougies bâtardes.*

Il s'agissait de remplacer, sans qu'il en coûtât davantage aux consommateurs, la chandelle ordinaire, toujours insalubre et incommode, quels que soient d'ailleurs les soins apportés à sa fabrication. M. Lagrange aîné a obtenu ce résultat avec sa bougie bâtarde perfectionnée, qui est à la fois un objet de luxe et d'économie.

Cette bougie bâtarde dure quatorze heures, et elle éclaire autant que la bougie de cire, dite du Mans. Elle est d'une blancheur remarquable; elle est de plus sèche, sonnante, transparente, ne répand aucune odeur en brûlant et n'a point le grave inconvénient de couler.

En raison de la longue durée de sa lumière, la bougie bâtarde n'est pas d'un prix plus élevé

que la chandelle ordinaire, et elle a en outre
sur elle tous les avantages que nous venons
d'énumérer. Le prix du paquet de cinq livres
est de 8 fr. ou 1 fr. 60 c. la livre.

BRETELLES.

Les bretelles élastiques et sans couture de
la fabrique de M. Flament jeune, breveté et
fournisseur du Roi, rue des Arcis, n. 25, ont
obtenu une médaille à l'Exposition de 1834.
Les prix de ces bretelles s'élèvent depuis 12 fr.
jusqu'à 60 fr. la douzaine.

BRIQUETS.

Les briquets oxigènes, si commodes pour se
procurer du feu à volonté, ont été perfectionnés par M. Merckel, rue du Petit-Lion-
Saint-Sauveur, n. 13. Aux allumettes ordinaires il a substitué des brins de cire de deux
pouces de longueur, prenant feu en écrasant
l'extrémité qui touche au mastic avec l'ongle
du pouce et l'index. Cette pression développe
aussitôt une flamme éclairante qui permet de
monter plusieurs étages et supplée ainsi aux
bougies en usage; ce qui les rend d'ailleurs
supérieures, c'est l'extrême modicité du prix
et l'avantage de donner du feu sans briquet.

M. Merckel fabrique une infinité de briquets de formes variées, en bronze plaqué, ferblanc, gaînerie, cartonnage, etc. ; des cachets dont le manche renferme, avec la bouteille, des allumettes qui durent assez de temps pour cacheter plusieurs lettres. La Société d'encouragement lui a décerné une médaille de bronze.

M. HENTZ, rue Folie-Méricourt, n. 28, a inventé des allumettes à *frottement*, ainsi nommées parce qu'un simple frottement entre les plis d'une carte préparée suffit pour enflammer l'allumette et obtenir du feu ; elles ont l'avantage d'être très-portatives, et un portefeuille de 3o lignes peut contenir les allumettes et la carte.

BRONZES.

Cette partie importante de l'industrie parisienne, comme toutes celles qui tiennent à l'art du dessin, a été portée au plus haut degré de supériorité. Dans les ouvrages si variés que l'on désigne sous le nom de Bronze, il est très-difficile de donner une préférence marquée à tel ou tel fabricant, et l'on admire également les produits de MM. THOMIRE, boulevard Poissonnière, n. 2 ; SALLE, rue Colbert, n. 11 ; CHOISELAT, rue Richelieu, n. 21 ; DEHÈQUE, rue des Fossés-Montmartre, n. 13 ; DENIÈRE, rue d'Orléans, n. 9 ; et plusieurs autres qui ont obtenu les plus beaux succès aux expositions dernières des produits de l'industrie française.

L'art de fabriquer les ornemens en bronze est porté à Paris au plus haut degré de perfection. De vastes et anciens établissemens ont acquis, dans ce genre de travail, une réputation méritée. Nous nous bornerons ici à citer M. VILLEMSENS, rue Saint-Avoye, n. 57, qui a obtenu une médaille à l'Exposition de 1834 et une autre à l'Académie de l'industrie, pour la perfection des objets d'ornemens en bronze qu'il fabrique, le bon goût, la nouveauté et le fini de ses vases, pendules, candélabres et autres pièces qui ont figuré avec distinction près des ouvrages analogues.

M. FUGÈRE, rue des Marais du Temple, n. 18, a inventé un alliage ayant l'aspect du bronze et qui est d'un prix bien inférieur. Les objets confectionnés avec ce métal ont donc l'avantage de pouvoir être vendus à très-bas prix et de pouvoir être réparés au moyen de la soudure et de ne pas craindre l'écaillement comme le bronze, dont le zinc repousse toutes les couleurs. M. Fugère a également un procédé pour incruster l'or et l'argent neuf ou de plusieurs couleurs.

CACHETS.

La gravure sur métaux a été perfectionnée par mademoiselle MARTIN, quai Voltaire, n. 15. Ses cachets simples et à armoiries, griffes, timbres secs et boutons de livrées sont remarquables par le fini de leur exécution ; mademoiselle Martin a obtenu plusieurs récompenses et a été nommée graveur de l'Athénée des arts.

M. BRASSEUX aîné, graveur du Roi et de S. A. R. monseigneur le duc de Nemours, Palais-Royal, n. 33, fait des cachets, pierres gravées et des breloques ; et il est impossible de voir un cachet plus simple et plus ingénieux, en même temps, que celui imaginé par M. Brasseux, et pour lequel il a été breveté. Ce cachet, appelé cachet de poche, réunit l'utile et l'agréable ; son prix modéré et son exécution parfaite lui ont mérité de grands succès. Il est en pierre de diverses couleurs, comme cornalines de toutes espèces, améthystes, émeraudes, rubis, cristal de roche, etc. Gravé en lettres gothiques artistement placées, on trouve, à l'instant même et tout prêtes, toutes les combinaisons possibles de l'alphabet par deux lettres sur chaque pierre. C'est une idée qui, sans être absolument neuve, n'a jamais été mise à exécution par qui que ce soit, à cause des inconvéniens qui en résultaient et des dépenses qu'elle nécessitait.

M. Brasseux n'a reculé devant aucun obstacle et rien ne lui a coûté pour réaliser une découverte utile. Il faudrait dépenser 18 ou 20 f. pour établir l'objet qu'on trouve chez lui tout fait pour 2 fr.

M. Brasseux exécute aussi toutes espèces de sujets ou armoiries dont il lui est donné une empreinte ou dessin. Le prix de ces objets ne peut être fixe, et varie suivant l'importance du travail et la grandeur du cachet. Cependant, on peut prendre pour base qu'un cachet qui coûterait 20 fr. de gravure sur cuivre, sera exécuté sur les pierres à moitié de ce prix; c'est un avantage qu'on appréciera encore plus lorsqu'on saura qu'une seule pierre qui coûtera 10 fr. pourra être accompagnée d'une seconde qui n'en coûtera plus que 5, et cela, n'importe la couleur et la forme de la pierre.

. C'est encore à cet habile graveur que l'on doit l'introduction en France d'un moyen tout-à-fait nouveau de donner son adresse à l'aide de petites médailles sur lesquelles sont représentés le nom et la profession de chaque industriel. Ces médailles, qui ne coûtent pas plus que des adresses ordinaires, seront bien certainement, grâce à leur élégance, conservées avec soin par toutes les personnes auxquelles elles sont remises.

Les timbres secs, cachets, et les lettres gothiques sur verre, cuivre et acier, de M. LESACHÉ, graveur, Palais-Royal, n. 164, ont acquis à cet artiste une médaille à l'Exposition de 1834.

CALORIFÈRE.

Un *Calorifère* de salle à manger et de salle de bain, servant à chauffer la vaisselle et le linge en quelques minutes et à répandre une douce chaleur dans un appartement au moyen d'un peu de cendre rouge, a été inventé et exécuté avec succès par M. CHEVALIER, rue Montmartre, n. 140. Cet appareil coûte de 20 à 140 fr.

CAOUTCHOUC.

M. GAGIN, fabricant à Vaugirard, Grande-Rue, 50, ayant trouvé un dissolvant économique du Caoutchouc ou Gomme élastique, emploie la préparation qui en est le résultat, pour enduire des cuirs et des tissus, et les rendre ainsi parfaitement imperméables sans leur rien ôter de leur flexibilité et de leur souplesse naturelles.

Appliquée sur les tissus de soie et de lin, cette même solution a donné des produits bien supérieurs à tout ce qu'on avait obtenu jusqu'à présent sous le rapport de la solidité et de la légèreté; l'économie de cette fabrication lui permet de livrer des manteaux en toile de lin, susceptibles d'une grande durée, presque au même prix que les calicots vendus sous le nom de toile cirée et qui se déchirent au moindre effort.

Les tissus hydrofuges au caoutchouc sont entièrement sans odeur. Ils peuvent recevoir

2.

l'impression en toutes couleurs et être drapés sur une seule et sur les deux faces.

Il prépare pour la chaussure toute espèce de cuirs, et son enduit leur communique la souplesse et l'élasticité du caoutchouc, qui en est la base, avec la faculté de devenir plus moelleux à mesure qu'ils s'échauffent davantage. Ces cuirs prennent très-bien le cirage et n'en sont point détériorés; l'enduit de M. Gagin ne s'évapore et ne se sèche point par l'usage comme les dégras ordinairement employés dans le même but. Voyez l'article *Outres françaises*.

MM. J. Rattier et J.-L. Guiral, seuls brevetés d'invention pour l'art de réduire en fil le caoutchouc, et d'en former des tissus de différens genres et de différentes largeurs, propres aux bretelles, ceintures, jarretières, etc., rue des Fossés-Montmartre, n. 4, sont importateurs de la fabrication des doubles tissus à l'épreuve de l'eau et de l'air, dont l'aspect et le toucher n'étant nullement changés par les procédés de leur fabrication, en rendent l'emploi très-convenable pour les manteaux et les collets d'uniforme, les tabliers de nourrices, les bouteilles, les tuyaux, les clysoirs, les coussins élastiques pour la ville et les voyages, les ceintures de natation et tous les appareils propres à contenir de l'air et des liquides.

CARTON-PIERRE.

Les précieux avantages qu'offre le Carton-Pierre pour les ornemens et les décorations intérieurs ont acquis à cette branche d'industrie une importance toujours croissante ; mais il etait réservé à M. ROMAGNÉSI, artiste instruit et sculpteur distingué, de lui donner tout le degré de développement et de perfection désirable. Son Carton-Pierre se compose aujourd'hui d'une pâte très-fine, très-dure, qui prend parfaitement les empreintes les plus délicates et toute la finesse du moule. M. Romagnési exécute des statues de la plus grande dimension, et des figures, des vases, et tous les sujets d'ornement les plus petits et les plus délicats. Ces objets prennent tous les tons de la peinture ; la dorure s'y applique parfaitement ainsi que le *bronzage*. On admire dans les magasins de cet artiste, rue de Paradis, n. 24, des statuettes imitant le fer ou le bronze, des pendules dorées, des vases, coupes, flambeaux, imitant les marbres les plus précieux avec une telle perfection, qu'il faut les toucher pour s'assurer qu'ils sont faits en carton; enfin de grands et petits candélabres, des lustres et tout ce qui peut servir à la plus riche décoration des appartemens.

M. TIRRART, rue de la Paix, n. 11, a obtenu à l'Exposition de 1834 une médaille pour ses ornemens en carton-pierre.

La matière, dite *Carton-Pierre*, dont ces ornemens sont composés, leur donne la solidité de la pierre la plus dure, et une légèreté que leur premier nom indique suffisamment. Le procédé employé pour leur fabrication, par des moteurs d'une grande supériorité de puissance, présente une perfection de fini et de netteté dans l'exécution, sans avoir aucunement besoin d'être réparés. La différence de leur prix sur les autres est au moins *de 3o et 4o pour* 100 *meilleur marché*. Cette différence est produite par le procédé qui épargne beaucoup de main-d'œuvre.

Ces ornemens remplacent avec avantage tout ce qui peut être sculpté, depuis les plus petits détails jusqu'aux objets de la plus grande dimension, et ils s'emploient avec succès pour toutes les décorations intérieures et extérieures des *monumens, églises, théâtres, bâtimens et des appartemens.* Lorsqu'on les place à l'extérieur, il faut les peindre à l'huile à plusieurs couches, ou bien les dorer.

Cet établissement est riche de modèles, et cependant on y en établit tous les jours de nouveaux ; aussi le nombre de moules, qui tous sont en métal, étant considérable, et le choix des dessins très-varié en *chapiteaux, colonnes et pilastres, modillons, moulures, perles, couronnes, cercles, rosaces, patères, rosaces de plafond, têtes, figures détachées et sujets de bas-reliefs, montans en feuillages* et *arabesques,* etc. etc., on peut composer toutes les décorations possibles, telles que *corniches, frises, plafonds, pilastres, chambranles, couronnemens, encadremens, panneaux de tous genres, candélabres, écoinsons,* et ajustemens de tous emplacemens, dont il est nécessaire de faire connaître les mesures exactes des vides, ainsi que l'ornement intérieur des églises, comme *chapelles, autels, tabernacles, confessionnaux,* etc.

CARTONNAGES.

Des boîtes de cartons, remarquables par leur belle confection et leurs fermetures, des cadres pour tableaux, taillés dans une seule feuille de carton, et divers autres ouvrages, sortent des ateliers de M. Lainé, rue Michel-le-Comte, n. 34.

CASIER A BOUTEILLES.

La difficulté de placer sur des lattes des bouteilles de différentes formes, a donné à M. Bellet, menuisier, rue du Cadran, n. 4o, l'idée de faire un nouveau casier sur lequel on peut mettre indistinctement toutes espèces de bouteilles; les lattes étant isolées, la casse d'une bouteille ne causerait aucun dommage à celle placée à côté d'elle; on peut même, au besoin, le transporter avec les bouteilles.

M. Bellet fait également des planches percées à la mécanique pour recevoir les bouteilles vides, des tables de billard pour les fabricans et des chandeliers percés à la mécanique.

CHANDELLES.

M. Merijot, rue de la Muette, n. 5, faubourg Saint-Antoine, breveté et inventeur de la chandelle *Lebaclarc,* qui est déjà très-répandue dans le commerce. C'est une de celles qui rivalisent avec la bougie; elle est parfaitement sèche au toucher, sans odeur, et elle brûle sans avoir besoin d'être mouchée. Prix : 1 fr. 40 cent. la livre, et 7 fr. le paquet de 5 livres. On doit encore à M. Merijot la découverte d'une chandelle ordinaire perfectionnée, qui est blanche, brillante et même transparente, sans odeur, d'un excellent usage et de plus d'un prix très-modéré. Le prix actuel est de 3 fr. 75 cent. le paquet de 5 livres.

La chandelle alcoolique du même fabricant présente, en outre des avantages que nous venons d'énumérer, celui d'être sèche au toucher, même dans les grandes chaleurs, et le prix n'est que de 25 cent. de plus par paquet de 5 livres.

Toutes ces chandelles se trouvent aussi chez M. NATTER, rue Neuve-des-Petits-Champs, n. 18.

CHAPEAUX.

Le chapeau-claque ne pouvant servir que pour les soirées, mais étant inapplicable aux usages ordinaires, M. GIBUS, place des Victoires, n. 3, a inventé un chapeau mécanique dont la forme peut s'abaisser à volonté sans laisser de plis sur l'étoffe, ce qui le rend très-commode pour les bals, les spectacles et les voyages.

M. GARDIEN, place de l'Ecole, n. 8, fabrique des chapeaux, dits *Castors indigènes*, remarquables par leur légèreté et leur finesse. Ces chapeaux, qui valent ordinairement 25 à 30 fr., sont livrés par M. Gardien au prix de 16 fr. 50 cent.

M. AMBROIS, rue de la Chaussée-d'Antin, n. 22, par des procédés de son invention, a trouvé le moyen de fabriquer des chapeaux qui ne pèsent que *trois onces*, et grâce à un apprêt qu'il a aussi découvert, ces chapeaux, quoique si légers, n'ont pas moins de solidité que les autres.

CHAPEAUX DE BOIS.

M. DESMONT, breveté, rue de la Fidélité, n. 7, fabrique des chapeaux de bois pour dames, remarquables par leur perfection et leur bon goût.

CHAUFFE-PIEDS.

M. CHEVALIER, rue Montmartre, n. 140, confectionne des *chauffe-pieds* de voyage, de bureau et de malades, à l'eau bouillante, conservant la chaleur pendant une grande partie de la journée. Prix: 25 fr.

Son *tabouret-chauffe-pieds* d'appartement, chauffé aussi à l'eau bouillante, coûte, suivant son plus ou moins de luxe, de 15 à 40 sous et au-dessus.

CHAUSSURES.

Le fil de laiton employé avec succès pour la couture des objets qui doivent unir la force à la durée, comme les tuyaux de cuir des machines hydrauliques, a été appliqué à la chaussure par M. J. SELLIER, bottier-cordonnier, petite rue Sainte-Anne, n. 1. Dans les bottes et les souliers qu'il confectionne, l'empeigne est cousue à la première semelle avec du fil métallique, et, pour le mettre mieux à l'abri de l'oxidation, M. Sellier étend sous cette première semelle un enduit fait avec des huiles siccatives séchées au feu; la deuxième semelle est alors jointe à la première à la manière ordinaire. Le fil métallique et, ce qui est le plus important, le pied revêtu de la chaussure, se trouve ainsi à l'abri de l'humidité sans augmenter le volume de la semelle, qui peut être aussi mince que l'élégance peut l'éxiger. Cette disposition a l'avantage de permettre de remplacer à peu de frais la deuxième semelle lorsqu'elle est usée. Le prix des chaussures de M. Sellier est le même que celui des chaussures ordinaires ; elles ont valu à leur auteur une médaille d'encouragement à l'Académie de l'industrie française.

M. Gudin fabrique des chaussures sans couture et imperméables, aussi légères qu'élégantes, pour femmes et pour hommes. L'Académie de l'industrie, appréciant tout l'avantage d'une imperméabilité bien constatée, a accordé une citation favorable à M. Gudin, rue Cotte, n. 2 *bis*, boulevard Saint-Antoine.

M. Gagin, Grande-Rue, n. 5o, à Vaugirard, à qui l'on doit de si heureuses applications de sa dissolution de caoutchouc, s'est empressé d'employer cet enduit pour rendre les chaussures à la fois souples et imperméables.

CHEMINÉES.

M. Cerbelaud, fumiste, rue Saint-Lazare, n. 98, a inventé divers appareils qui ont des avantages incontestables sur tous ceux qui ont été inventés ou mis en pratique jusqu'à ce jour : il a supprimé les ventouses qui, permettant à l'air extérieur de glisser entre les deux planches qui les forment, ont l'inconvénient grave de venir projeter un air froid sur les genoux des personnes qui sont près du foyer ; et il a substitué une circulation d'air chaud à cette circulation souvent glaciale d'air extérieur ; mais ce qui doit surtout fixer l'attention, c'est le prix vraiment extraordinaire auquel il est parvenu à livrer et poser ses appareils, puisque les moins économiques ne s'élèvent pas au-dessus de 10 à 15 francs.

Son foyer complet se compose d'un foyer ou garniture intérieure en fonte, formant trois plaques, deux latérales et une de fond, plus d'une bûche de derrière également en fonte coulée, qui reste immobile et évite ainsi le désagrément de remuer fréquemment les cendres du foyer. L'inventeur s'empare de l'air des ventouses, et le conduit dans l'intérieur de sa bûche de fonte, puis il le fait communiquer avec deux bouches de chaleur qu'il place ordinairement à droite et à gauche de la cheminée. L'orifice de ces bouches de chaleur s'ouvre et se ferme à volonté ; dès que le calorique commence à échauffer la bûche de fonte, il s'établit immédiatement une circulation d'air froid arrivant du dehors dans l'interieur de la bûche de fonte, qui, après s'être échauffée, s'échappe dans l'appartement par les bouches de chaleur. Cette circulation ne diminue pas le rayonnement de la bûche de fonte, qui alimente ainsi deux sources de calorique. L'air de la chambre est aussi renouvelé sans que la température de l'air ambiant soit diminuée. A l'intérieur de la cheminée il pose une trappe à crémaillère en fer battu, avec encadrement en fonte, et qui sert de régulateur ; en élevant ou en baisant la trappe on augmente ou on diminue à volonté le tirage. On peut aussi fermer complètement la cheminée et empêcher que l'air extérieur et même la fumée des tuyaux voisins ne viennent descendre dans le foyer lorsque la combustion a cessé ou pendant le sommeil.

Le devant de la cheminée est en faïence avec ceinture et main en cuivre ; enfin l'appareil est complété par un tablier en fer battu qui permet encore d'activer ou de diminuer le tirage et la combustion, et dispense de l'usage du soufflet.

Cet appareil donne une chaleur considérable, surtout si l'on veut ajouter au bois quelques morceaux de charbon de terre, puisque presque tout le calorique que produit la combustion est refoulé vers l'appartement, et que le coffre d'ascension de la fumée n'enlève qu'une très-faible partie de la chaleur; cependant ce calorifère, malgré sa complication et son élégance, ne va pas au-dela de 100 à 120 fr. en place. L'inventeur établit aussi pour la somme de 45 fr. des appareils semblables, dont les devans sont en plâtre verni ou en stuc.

Mais ce qui mérite surtout l'attention, c'est le bon marché des foyers simples de M. Cerbelaud. Pour 10 à 15 fr., il rétrécit et dispose en brique le foyer d'une cheminée nue; il place à l'intérieur un régulateur également en brique, et sans ventouses il garantit ses foyers contre la fumée. Ces appareils, destinés à la petite propriété, n'ont pas sans doute tous les avantages des premiers; mais ils joignent comme eux à l'avantage d'éviter la fumée, celui, non moins grand, de donner plus de chaleur avec moins de combustible que les foyers ordinaires.

M. Cerbelaud a obtenu une médaille de l'Académie de l'industrie.

3

Les appareils de chauffage de MM. Lassalle et Bellocq, successeurs de M. Bronzac, rue Saint-Dominique, n. 25, Faubourg Saint-Germain, sont très-estimés et offrent des avantages aujourd'hui bien constatés. La disposition plus ou moins compliquée de ces cheminées, leur construction plus ou moins élégante et riche font varier leur prix de 55 à 1000 fr. MM. Lassalle et Bellocq ont obtenu une médaille à l'Exposition de 1834.

On trouve chez M. Jacquinet jeune, rue Grange-Batelière, n. 9, des cheminées à foyer mobile à tiroir, qui offrent l'avantage de pouvoir avancer ou reculer le foyer et augmenter ainsi la chaleur en économisant le combustible.

Le prix des appareils de M. Jacquinet mentionné honorablement à l'Exposition de 1834, varie de 65 à 290 fr.

Cheminées Parisiennes perfectionnées et appareils intérieurs à foyers rayonnans, par M. Bordon, rue Coquenard, n. 44.

Cet appareil réunit les avantages suivans :

1°. Il préserve les appartemens de la fumée

habituelle, sans employer les ventouses, moyen si désagréable, et presque toujours inefficace ;

2°. Il économise, pour obtenir un degré de chaleur donné, les trois cinquièmes de toutes espèces de combustibles ;

3°. Il se place en quelques heures et se déplace à peu de frais, se lie, par sa forme, à la décoration des chambranles de cheminées, qu'il contribue à embellir, sans nuire au ramonage, ni rien changer aux habitudes ; il peut s'adapter, avec quelques modifications, dans les cheminées de toutes dimensions de salons ou de chambres à coucher ;

4°. Le foyer de cet appareil permet *de mettre le combustible presqu'en déhors de la cheminée* ; il en résulte une chaleur toute rayonnante, entièrement au profit de l'appartement ;

5°. La combustion, que l'on peut activer ou ralentir à volonté, au moyen de trappes mobiles, s'opère au moyen de l'air contenu dans la chambre ; il s'y renouvelle par voie insensible et continue, ce qui est un principe éminent de salubrité ;

6°. On peut également, au moyen du régulateur articulé, donner plus ou moins de passage à la fumée, et même intercepter entièrement le courant d'air, soit pour conserver la chaleur du foyer au bénéfice de l'appartement, soit pour éteindre le feu en cas d'incendie;

7°. Enfin, la modicité de son prix le met à la portée de toutes les fortunes, puisque, dans les grandeurs ordinaires, l'appareil simple ne revient qu'à 30 fr., y compris la pose, et ne s'élève jamais au-dessus de 80 fr. pour l'avoir aussi commode que possible.

M. Bordon, qui fabrique aussi des cheminées-poëles, a obtenu des récompenses aux Expositions des produits de l'Industrie et à la Société d'encouragement.

La cheminée dite *Multiplicator*, de M. DELACROIX de Rouen, offre plusieurs avantages réels. Cet appareil et toutes les parties qui le composent sont en fonte; chacune y joue un rôle; il peut durer un siècle; 15 à 20 sous par jour suivant la grandeur du local suffisent pour entretenir du matin au soir une chaleur abondante.

L'air tiré du dehors, après avoir passé dans toutes les ramifications du mécanisme échauffé, remplit constamment l'appartememt; cet air est vital.

Avec ce système toutes les localités sont assainies; les émanations animales, cadavéreuses et délétères provenant des corps et mauvaises haleines, sont constamment enlevées.

Les poitrines délicates, les personnes faibles y respirent un air doux et utile à l'équilibre de leur santé.

Cette cheminée peut être placée dans l'appartement le plus clos ; elle ne produira ni fumée ni odeur.

L'appareil de M. MILLET, passage Saulnier, n. 4 *bis*, peut se placer dans l'intérieur des cheminées, et place le feu tout-à-fait au dehors sans répandre ni odeur ni fumée. M. Millet a obtenu une mention honorable à l'Exposition des produits de l'Industrie.

CIRAGE.

M. GUITTON, rue des Vieux-Augustins, n. 58, a obtenu un brevet pour la composition d'un cirage à l'huile et à l'esprit de vin et d'un vernis pour chaussure, qui sont d'un bel éclat et ne paraissent pas altérer le cuir.

Le cirage pour les harnais de M. FROMENT, rue de Lille, n. 78, étant préparé sans acides ni mordans, donne au cuir neuf comme au vieux le brillant le plus vif et le noir le plus beau que l'on ait rencontré jusqu'à ce jour; il a l'avantage de rendre le cuir aussi beau et aussi souple que s'il sortait des mains du corroyeur. Ce n'est qu'après de grandes épreuves que M. Froment est parvenu à pouvoir offrir aux amateurs le cirage le plus solide à l'eau que l'on ait rencontré jusqu'à ce jour.

Le cirage onctueux du dépôt de la rue de Cléry, n. 12, est d'un emploi aussi facile que prompt, et permet d'obtenir en quelques instans le plus beau noir brillant.

CIRE A CACHETER.

Depuis long-temps il n'y avait pas d'amélioration réelle dans la fabrication de la cire à cacheter, quand M. ROUMESTANT, rue Montmorency Saint-Martin, n. 10, a tenté avec bonheur non-seulement de remédier aux défectuosités qui faisaient rejeter les cires françaises, quand on les comparait à celles des fabriques d'Angleterre et de Hollande, mais encore de diminuer considérablement leurs prix, et ces cires examinées avec soin par une commission nommée par l'Athénée des arts, ont obtenu une médaille d'encouragement.

La livre de cire, divisée en paquets de 10, 20 ou 40 bâtons, suivant leur grosseur, se vend :

Cire royale extra-fine, rouge, et noire, parfumée   5 fr.

  Idem superfine   4

Idem fine   5

Cire royale extra-fine, toutes couleurs assorties, parfumée, bronzée, jaspée, chinée, etc.   5

CLYSOBOL.

M. Fayard, pharmacien, rue Montholon n. 18, est breveté pour l'invention de cette nouvelle seringue, bien supérieure à toutes celles annoncées jusqu'à ce jour ; elle est surtout remarquable par la promptitude et la facilité de son action ; en quelques minutes de temps et avec une cuillerée à café d'esprit-de-vin, on fait chauffer au degré convenable et on administre immédiatement un lavement, simple ou composé, ou une injection quelconque. L'appareil de M. Fayard qui peut se mettre dans la poche, ou dans un sac de voyage, a été approuvé par l'Académie royale de médecine et recommandé par plusieurs auteurs de traités sur l'hygiène.

COFFRES.

M. FANON est inventeur de champignons mécaniques, servant à l'emballage des chapeaux de dames, et de boîtes de voyage distribuées parfaitement pour la conservation des objets qu'on y dépose; ses malles, étuis assortis, sacs de nuit, porte-manteaux, mallettes, chancelières, chaufferettes, tabourets à eau bouillante, etc., lui ont mérité une mention honorable à l'Exposition de 1834.

Les malles, porte-manteaux, gibecières, boîtes à chapeaux, et autres objets de la fabrique de M. BATTAUDIER, quai Voltaire, n. 3, ont obtenu une médaille à l'Exposition de 1834.

M. NEYOT, rue Neuve Saint-Augustin,

n. 34 , fait des boîtes et malles aussi légères que des cartons, et propes à emballer les chapeaux de dames.

COLS-CRAVATES.

L'usage des Cols-Cravates généralement adopté aujourd'hui a porté un assez grand nombre de fabricans à les perfectionner, tant sous le rapport des formes que sous celui des matières et des étoffes qui entrent dans leur confection. Plusieurs de ces fabricans sont parvenus à des résultats satisfaisans; mais leurs produits ont été jusqu'à ce jour d'un prix très-élevé. M. Frosté, rue du Faubourg Montmartre, n. 4, au premier, est arrivé à remplir la double condition de perfection et d'économie, et ses cols en satin et autres étoffes coûtent un tiers de moins que ceux des autres fabriques. Une médaille d'encouragement a été décernée à M. Frosté par l'Académie de l'industrie française.

M. Triboulet, Galerie Vivienne, n. 44, a trouvé le moyen de faire un col et un gilet d'une seule pièce, qui peuvent s'adapter facilement au moyen de deux ou trois petites agrafes. Cet industriel était déjà connu pour sa bonne confection des cols.

Les cols-cravates de madame LESOUEF, rue Neuve des Petits-Champs, n. 8, ne laissent rien à désirer sous le rapport de l'élégance des formes et de la solidité. C'est elle qui la première a introduit dans nos modes cette innovation, et elle a trouvé le moyen d'empêcher les cols qu'elle confectionne de se déformer.

On trouve chez elle les cols militaires, les intérieurs de cravates, les coulisses à adapter aux cravates de batiste et dont l'usage a démontré la commodité.

M. DEMARNE, place des Victoires, n. 3, a obtenu une mention honorable à l'Exposition de 1834 pour ses cols-cravates sans boucles.

CONSERVATION DES MEUBLES

M. GOYON, membre de la Société d'encouragement, conservateur du mobilier des musées royaux, rue Richer, n. 20, a inventé des produits chimiques pour brillanter les meubles, marbres et dorures. Ce ne sont pas seulement des nettoyages frais que l'on obtient avec ces préparations, mais bien l'étonnant avantage dé rappeler, à moins de mutilation, tout cet éclat primitif du neuf, qui est plus intéressant encore pour le commerce, que pour les ménages, parce que, après un long cours, les objets expédiés, qui éprouvent assez ordinairement des avaries, peuvent, au moyen de ces matières, être remis à l'instant même en état de vente.

Jusque-là, on n'avait que des procédés imparfaits pour aviver les dorures sur métaux; ceux qui en font état ne peuvent y parvenir qu'en les séparant du meuble dont elles font l'ornement, et ce n'est que dans leurs ateliers qu'ils obtiennent cette restauration, ce qui est déjà un inconvénient et une dépense qu'on ne peut même faire partout, parce qu'on ne trouve pas plus dans la province des doreurs que des ébénistes. M. Goyon a donc rendu encore un service réel pour ce genre de luxe, si généralement répandu, en donnant le moyen à chacun de faire soi-même sur place, sans éprouver la moindre difficulté, cette intéressante opération, et sans altérer aucunement la matière.

Le cuivre poli, dont l'usage est aujourd'hui si multiplié, par le seul frottement d'une liqueur composée à cet effet, acquiert un éclat admirable, et puis quelques jours plus tard, ce cuivre, au lieu de s'oxider, prend une teinte dorée. Les métaux de toute nature, par le même moyen, reçoivent aussi un brillant très-vif, qui se défend long-temps contre l'oxidation.

Une instruction très-détaillée, pour l'emploi de ces diverses préparations, se distribue au domicile de M. Goyon.

PRIX.

Pot, dit de 2 onces, pour brillanter les meubles, marbres, reliures, tôle vernie, etc.　　　1 fr. 25 c.

Flacon, dit de 2 onces, de la liqueur, pour brillanter le cuivre et tous les métaux polis, *ayant aussi la propriété de faire disparaître les taches huileuses sur les meubles vernis.*　　　1　　25

Flacon, d'une once, pour aviver les dorures sur métaux, soit au mat, soit brunies.   2 fr.   »

Boîte de poudre, dite française, pour l'argenterie et plaqué, ci... 2   »

Cirage pour lustrer les carreaux et parquets, ce qui dispense de l'usage si pénible de la cire.   3   »

CORSETS.

Depuis quelques années, la coupe et la confection des corsets ont acquis un grand degré de perfection , et plusieurs fabricans ont offert au public des ouvrages fort remarquables. M. JOSSELIN, breveté, Carré Saint-Martin, n. 289, a obtenu des médailles de la Société d'encouragement et de l'Académie de l'industrie pour les améliorations qu'il a apportées aux corsets de sa fabrique.

La forme particulière des corsets de madame THOREL, rue Neuve-Saint-Roch, n. 20, fait ressortir la finesse de la taille sans causer la moindre gêne. Sa coupe dissimule et même rectifie, par les moyens les plus simples, les difformités de la taille, sans que la santé de la personne qui en fait usage puisse en souffrir aucunement. Madame Thorel a perfectionné ses corsets pour dames enceintes; ils se lacent et se délacent à la minute, font disparaître les inconvéniens des ceintures simples, et réunissent enfin l'élégance à la commodité.

Mademoiselle AIMABLE, élève de M. DELACROIX, rue Neuve-des-Petits-Champs, n. 55, presque en face le passage Choiseul, fait des corsets en moire blanche, avec élastiques devant et aux épaulettes, garnis de blondes, du prix de 6o fr. Ces corsets sont aussi remarquables par leur nouvelle coupe que par leur bonne confection, et ont l'avantage d'alonger la taille sans la comprimer.

Sa ceinture des Grâces, en moire cerise et verte, le meilleur modèle en ce genre, et qui ne se trouve que dans un très-petit nombre de magasins, contribue au développement de la taille chez les jeunes personnes, et prévient souvent une mauvaise conformation.

Les prix de mademoiselle Aimable sont pour les corsets en coutil, de 18 à 3o fr., pour les corsets en gros de Naples, de 3o à 6o fr.,

et pour les ceintures des Grâces, de 25 à
35 fr.

COSMÉTIQUE.

HUILE ESSENTIELLE HYGIÉNIQUE.

M. VINCENT, rue des Filles-du-Calvaire,
n. 21, à Paris, a pris un brevet d'invention
pour cette Huile essentielle particulièrement
destinée à la toilette de la figure, et ayant la
propriété de faire disparaître le hâle produit
par le grand air ou l'ardeur du soleil, de diminuer sensiblement les taches de rousseur, et
de donner au teint une blancheur et une fraîcheur surprenantes ; elle est aussi avantageuse
pour l'usage des bains, dans le cas de crevasses
et gerçures, celles mêmes occasionées par
des engelures intenses ; elle procure à l'instant
même un soulagement satisfaisant. Elle sera
avantageusement employée pour laver toutes
espèces de plaies et blessures, les débarrassant
de toutes putridités ; elle empêche la gangrène.
Les personnes qui en feront usage pour la
barbe la préféreront pour son onctuosité et
l'agréable fraîcheur qu'elle donne à la figure.

Ne contenant dans sa composition ni caustique, ni acide, ni spiritueux, ni siccatif, elle sera nécessairement préférée pour la toilette scrupuleuse de la figure et généralement de tout le corps.

Pour laver la figure, on la mouillera avec de l'eau tiède ou froide, on versera de ladite Huile sur un linge ou une éponge que l'on passera sur toutes les parties que l'on voudra rendre propres ; ensuite, on lavera en prenant de l'eau avec le linge ; l'éponge ou la main. Pour laver tout le corps dans le bain ou autrement, il suffit d'en mettre sur une éponge ou un morceau de flanelle préalablement imbibé d'eau et de s'en frotter partout le corps, se mettre un instant dans le bain ou laver comme il est d'usage. Pour les gerçures et crevasses, s'en laver comme avec autre chose, mais surtout le soir en se couchant.

Pour la barbe, on en verse quelques gouttes dans un vase ; on trempe le pinceau dans l'eau, on l'agite pour obtenir la mousse que l'on dépose sur la barbe ; après avoir rasé on passe une seule fois le pinceau sur les parties rasées ; à l'instant, tout le feu du rasoir a disparu. M. Vincent a établi des dépôts de son huile dans toutes les maisons de bains, chez tous les Coiffeurs et Merciers-Parfumeurs.

COULEURS.

Les couleurs propres à l'aquarelle et à l'enluminure des lithographies, faites aujourd'hui par un grand nombre de personnes, soit dans un but d'intérêt, soit comme occupation agréable, offrent beaucoup de choix, et leur bonne qualité a une grande influence sur les travaux qu'elles servent à exécuter. Nous ne balançons pas à placer en tête des meilleures fabriques de couleurs fines, celle de M. Colcomb, quai de l'École, n. 18. Ce modeste chimiste a fait depuis long-temps des efforts constans pour perfectionner ses produits, et on lui doit surtout des couleurs fixes, qui ne s'altèrent pas par l'influence de l'air et de la lumière, tels que le Carmin de Garance, les couleurs mars et autres.

M. Panier, successeur de Lamberty, rue de Cléry, n. 9, fabrique des couleurs en pastilles préparées au miel et recherchées pour la facilité de leur emploi et la modicité de leur prix.

COUPE DES VÊTEMENS.

La partie la plus difficile de l'art du tailleur est la coupe; peu d'ouvriers la pratiquent avec habileté, et cette habileté n'est due qu'à une longue habitude et souvent au hasard. Il n'existait jusqu'à présent aucune règle, aucun principe fixe qui pût donner des résultats certains; les mesures prises par les tailleurs donnaient bien des longueurs et des largeurs, mais restaient étrangères aux habitudes du corps et aux différentes conformations; de là, la nécessité d'essayer les vêtemens, de les recouper, de les corriger.

L'utilité d'adopter des principes positifs pour la coupe des vêtemens est comprise depuis long-temps, et déjà un auteur a proposé de soumettre ce travail aux règles de la géométric; mais son traité ne tient aucun compte des conformations et ne peut s'appliquer qu'à des corps d'une structure parfaite et offrant une similitude de proportions qui ne se trouve pas dans la nature. M. BARDE, rue de Choiseul, qui a le premier substitué le ruban métrique aux bandes de papier dont se servent encore, pour prendre mesure, les tailleurs routiniers, s'est principalement attaché à l'étude des conformations, et il en a déduit des principes qui l'ont conduit à la construction d'instrumens ingénieux, simples et faciles à employer. Sa méthode est complètement développée dans l'ouvrage qui porte pour titre : *Traité encyclopédique de l'art du tailleur, par Barde, orné de 150 figures, suivi d'un appendice de la Méthode Barde.* Cet ouvrage parle d'abord de l'habillement en général, puis des conformations, avec l'indication des mesures qu'il est nécessaire de prendre si l'on veut avoir egard aux différences de ces conformations ; le troisième livre est spécialement consacré à expliquer toutes les diverses formes d'habillement que la nécessité, l'usage ou là mode peuvent prescrire.

Dans un appendice, l'auteur explique les diverses parties dont se compose la méthode publiée sous son nom, et pour laquelle un brevet d'invention lui a été accordé ; cette méthode est destinée à éviter entièrement les tâtonnemens et les incertitdues de cette partie routinière ; elle constitue un véritable système, un système nécessaire, éprouvé par l'expérience, expliqué par le raisonnement, et justifié par les calculs qui en font la base.

Les instrumens inventés par M. Barde, sont : l'*épaulimètre*, servant à prendre la mesure et la pente des épaules; le *dossimètre*, servant à prendre la mesure du dos; le *triple-décimètre*, règle métrique divisée en 60 centimètres, à l'aide de laquelle sont prises les mesures ci-dessus indiquées; et le *corpimètre*, pour prendre la mesure des parties inférieures du corps.

M. Barde a exécuté à grands frais une collection immense de modèles, tracés avec une précision remarquable, et au moyen desquels on peut opérer la coupe de tous les vêtemens.

Les travaux de M. Barde, examinés par l'Athénée des arts, lui ont mérité une médaille d'argent.

M. Chalumeau, rue Sainte-Anne, n. 32, a obtenu un brevet pour une mécanique à couper les habits, et avec laquelle il trace et coupe, en moins de cinq minutes, un habillement complet sans rien perdre de l'étoffe : ainsi il fait, avec une aune de drap, un pantalon et un gilet; avec deux aunes, un habit et un pantalon,

et avec deux aunes un tiers une redingote et un
pantalon.

COUTELLERIE.

La coutellerie est aujourd'hui d'une exécution très-satisfaisante, et il serait difficile de
désigner les fabricans qui atteignent le plus
haut degré de perfection, chacun d'eux ayant
presque toujours une spécialité qui lui est
propre. Nous citerons cependant M. Gui-
GARDET, rue Vieille-du-Temple, n. 147, qui
a obtenu une mention honorable à l'Exposition
de 1834, pour les pièces de belle coutellerie en
acier, argent, or et vermeil, sortant de sa fabrique, et qui sont aussi remarquables par
leur perfection que par la modicité de
leur prix.

La riche coutellerie de VALON, boulevard
des Italiens, n. 2, est d'une exécution qui ne
laisse rien à désirer.

M. DORDET, rue des Fossés-Montmartre,
n. 9, a exposé à la Société de l'industrie un
service de coutellerie en vermeil, composé
de 36 pièces d'une grande beauté.

M. Gavet, rue Saint-Honoré, n. 138, fabrique depuis long-temps de bonne coutellerie, tant fine que commune. Il fut mentionné honorablement dans les Expositions de 1816 et de 1819. Depuis cette dernière époque, à laquelle on citait déjà M. Gavet comme ayant perfectionné la trempe et le recuit des rasoirs par l'emploi d'un pyromètre métallique, et comme étant] parvenu à fabriquer d'excellens rasoirs à des prix modérés, il a établi, auprès de Chaumont, dans le département de la Haute-Marne, une grande manufacture de coutellerie, où il a divisé le travail avec habileté : en même temps, il a perfectionné ses produits. Bonne qualité de lames, solidité des montures, élégance de formes, modicité du prix, tout paraît se réunir en faveur des produits de M. Gavet. La rapidité du débit prouve que les consommateurs ont ainsi jugé sa manufacture, et il lui a été décerné une médaille de première classe à l'Exposition des produits de l'industrie.

Les objets les plus nouveaux de cet industriel sont : des rasoirs d'une nouvelle trempe appelée pyrométrique, qui les rend supérieurs aux rasoirs anglais : au moyen d'un bain de

métaux combinés, l'acier qui est chauffé jusqu'au cœur, et qui n'a aucune communication
avec l'air, acquiert une égalité parfaite ; des
couteaux de table à chevalet, pour éviter de
salir la nappe ; un assortiment de couteaux
de table de dessert avec des manches d'ivoire,
d'ébène et de nacre ; des fourchettes à garde
pour éviter de se couper ; des couteaux de chasse
à vingt pièces ; de nouveaux couteaux à gibier,
et une grande variété d'articles qu'il serait
trop long d'énumérer ; des canifs taillant la
plume d'un seul coup ; des cuirs magnétiques
qui présentent un grand avantage par leur
surface plane et unie. La pâte magnétique que
l'on étend dessus donne un tranchant très-vif.

CRAYONS.

M. FICHTENBERG, rue des Bernardins,
n. 34, fabrique des crayons avec du carbure
de fer tiré des mines des environs de Briançon,
et recouverts de bois de tilleul. Ces crayons,
tout français, peuvent donc nous affranchir
d'un tribut que nous payons à l'étranger.
Leurs qualités ne nous paraissent rien laisser à
désirer ; ils se taillent bien et finement, ne sont

ni graveleux ni cassans ; leur pâte est moel-
leuse, et leur noir d'un beau ton ; le tracé
qu'ils donnent est pur et peut s'effacer aisément avec la gomme élastique ; nous les avons
comparés avec les meilleurs crayons anglais,
et ils ont soutenu cette épreuve avec le plus
grand avantage.

Les crayons de M. Fichtenberg ont trois
degrés de dureté indiqués par les mots *tendre*,
moyen et *dur*. Les deux premiers sont excellens pour le dessin, le troisième peut servir
au tracé des épures et au travail des bureaux.
Mais, à ces avantages incontestables, il faut en
ajouter un autre non moins important; nous
voulons parler du prix: les crayons anglais
coûtent 10 et 12 francs la douzaine, tandis
que ceux de M. Fichtenberg ne coûtent que
75 centimes la douzaine.

Cependant, pour se conformer au goût du
public et aux caprices de la mode, il a donné
à ses crayons des montures diverses qui en font
seules varier les prix, toujours très-inférieurs
à ceux des autres fabriques. Ainsi, les crayons
dits mine superfine, ronde ou carrée, montés en bois de cèdre, vernis à l'acajou, ou
noircis et vernis, et nommés ébène, va-

lent. . . . . . .   1 f. 25 c. et 2 f. la douzaine.

Montés en bois de cèdre naturel. . . .   1 f.

Montés en bois indigène. . . . . 75 c.

L'Athénée des arts a décerné une médaille à M. Fichtenberg.

Les crayons à dessin de la fabrique de M. LEMOINE, rue du Four-Saint-Honoré, n. 12, ont été honorablement mentionnés à l'Exposition de 1834 ; il compose avec succès des pastels veloutés et des pastels en écorce renfermés dans des étuis.

Les crayons de la fabrique V. DELARUELLE et LEDANSEUR, rue du Petit-Thouars, n. 20, qui ont obtenu une médaille de l'Athénée des arts, continuent à mériter le succès qu'ils ont acquis par leur perfection. On trouve dans cet établissement toutes sortes de crayons à dessin, et particulièrement les crayons noirs, dits d'*Etna*, pour l'huile, la gouache et l'estompe, et les pastels fins de toutes couleurs.

CRIN.

La fabrique d'étoffes de crin de M. ELAUD, Barrière de Belleville, n. 41, établie sur une grande échelle, offre les produits les plus variés, et aux prix les plus bas possible.

M. GENEVOIS, rue du Ponceau, n. 16, fabrique, avec un succès remarquable, les étoffes de crin pour meubles de salon, de, toutes largeurs et de dessins variés, en nouveautés et de toutes couleurs, imitant le plus beau brillant de la soie. Il tient aussi les crins frisés pour sommiers.

M. BARDEL, rue Vieille-du-Temple, n. 51. C'est à son père que nous devons les premières étoffes de crin qui furent faites en France; pendant 40 ans il n'a été fait que des étoffes de crin noir; mais M. Bardel fils est parvenu à en faire en couleur et à donner à ces nouvelles étoffes le brillant et les belles nuances de la soie, ainsi qu'une solidité à toute épreuve.

Cette fabrique est sans contredit la plus ancienne et la première dans son genre; aussi ce fabricant a-t-il obtenu des médailles à chaque Exposition. Il a exposé en 1834 de nouvelles étoffes pour meubles et tentures d'appartemens, tant en étoffes dites orientales que du Bengale, qui ne laissent rien à désirer;

c'est à lui que nous devons les tissus de pagnes de l'Inde pour chapeaux de dames, en uni et en façonné. Il a obtenu un brevet d'invention pour toutes ces belles étoffes, qui resteront toujours dans le commerce autant pour leur beauté et leur durée que pour la modicité de leur prix.

CRINOLINE.

De toutes les étoffes employées pour la confection des cols-cravates, aucune n'offre autant de solidité que la Crinoline, qui dure cinq ans. Les cols de M. OUDINOT, place de la Bourse, n. 27, joignent donc à une grande durée, une coupe très-élégante et une finesse de tissu qui les rend très-propres pour les bals et soirées. Voyez *Cols-Cravates*.

CUISINIÈRE.

M. CHEVALIER, rue Montmartre, n. 140, a confectionné une cuisinière économique avec laquelle on peut, en employant 8 centimes de charbon, faire rôtir environ 4 livres en moins d'une heure. Prix de 22 à 38 fr.

CUIRS A RASOIRS.

L'usage fréquent des rasoirs et la difficulté

de leur donner un tranchant vif et doux, ont fait essayer, sans beaucoup de succès, des dispositions différentes de cuirs et de diverses matières empruntées aux règnes minéral, végétal ou animal.

M. Pottier, gaînier, rue du Ponceau, n. 1, au coin de celle Saint-Martin, a pensé qu'une substance, dont le frottement, quoique onctueux, fût plus considérable que celui du cuir, donnerait à l'instrument le dernier degré d'affinage. Il a donc fixé sur une même monture, d'un côté un feutre compact, et de l'autre un cuir durci au feu, le tout enduit d'une pâte dont il est l'inventeur. On commence à repasser le rasoir sur le feutre et c'est sur le cuir qu'il faut l'affiner. Lorsque le rasoir est en bon état, il suffit de quelques tours de main sur le cuir poli pour donner à son fil toute la vivacité nécessaire.

La forme des cuirs à rasoirs a subi de nombreuses variations. M. Pottier a donné aux siens une surface légèrement courbée qui favorise le repassage par une main peu exercée. Les montures sont exécutées avec beaucoup de soin.

Le prix des feutres tissus, avec composition contenue dans le manche,   4 fr. 5o c.

  Boîte de composition d'une once. 1   75

Les cuirs à rasoirs de M. Pottier; examinés et éprouvés par l'Athénée des arts et l'Académie de l'industrie, ont obtenu une mention honorable de la première de ces sociétés, et une médaille d'encouragement de la seconde.

M. Phillippon (Pierre-Dominique), fabricant de cuirs à rasoirs, passage Dauphine, n. 36, escalier D, au troisième étage, est inventeur d'une poudre anti-caustique pour le repassage des rasoirs, canifs et autres instrumens tranchans. M. Phillippon, après huit années de recherches et de travail, a découvert une composition anti-caustique, qui, sans aucun apprêt, dispense toutefois de se servir de la pierre, et donne le fil aux instrumens les plus difficultueux, même aux instrumens chirurgicaux.

Le prix des cuirs à rasoirs d'un nouveau genre est de 1 fr. 5o cent.

Les deux boîtes de composition anti-caustique coûtent aussi 1 fr. 5o c.

Une pommade dite *Coranetique* offrant des avantages analogues à la poudre précédente, vient d'être découverte par M. MOURIER, coiffeur, rue Richer, n. 42 ; elle se vend en pots de 1 f. 50 c.

DÉGRAISSAGE.

M. Edmond SCHINDLER, rue de Seine-Saint-Germain, n. 33, a perfectionné les procédés de dépiquage et de dégraissage à sec sur soieries en pièce, gros de Naples, bourres de soie, satins, velours, gazes, crêpes, châles, rubanneries, madras, bas de soie, draps et toutes les étoffes de fantaisie. Il est parvenu à dégraisser à sec tous les effets confectionnés, sans être obligé de rien découdre, aux prix suivans :

Redingote droite.	3 fr.	
Par-dessus.	5	
Habit.	4	
Gilet à châle.	1	25 c.
Dito droit.	1	
Pantalon, drap ou casimir.	2	
Gilet en soie.	1 à 3	
Dito velours.	3 à 4	
Gants, la douzaine.	5	

DENTS ARTIFICIELLES.

M. Picard, dentiste, place de la Bourse, n. 9, a obtenu un brevet d'invention pour des dents factices, qu'il appelle *Dents terro-métalques ;* elles sont d'une imitation parfaite, composées de pâtes ou émaux colorés, superposés, présentant la demi-transparence des dents de l'homme. Leur solidité est remarquable et résiste au passage subit du plus grand feu de forge à l'eau froide, sans éprouver aucune altération. Leur prix est inferieur à ceux des dents naturelles.

ENCRE.

Pour ce produit, nous citerons encore la fabrique de M. Roumestant, rue Montmorency, n. 10, dont nous avons déjà recommandé les cires à cacheter. Son encre noire anglaise, de qualité supérieure, coûte, la bouteille d'une pinte. 1 f. 5o c.

De chopine. 8o

De demi-setier. 4o

Son encre pour marquer le linge, la boîte. 1 5o

Son encre rouge, le flacon. 35

M. Mantoux, rue du Paon, n. 1, fait des encres qui diffèrent principalement de celles en usage, en ce que les procédés nouveaux employés pour leur fabrication, permettent de les obtenir constamment de la même qualité; en ce que, par les proportions des substances qui les composent, elles réunissent le double avantage de la résistance à l'acidulation, et de la solidité dans le tirage, qualités bien distinctes et presque toujours confondues. Ces qualités et la facilité de leur emploi ont mérité l'approbation de la Société d'encouragement, qui a décerné pour l'encre autographique, la seule de ces deux encres présentée au concours, une médaille d'or de première classe à M. Mantoux.

Quant au papier autographe, il ne laisse ien à désirer, tant pour la sûreté que pour la acilité avec lesquelles il permet d'effectuer les transports de l'écriture du papier sur la pierre.

ENDUIT HYDROFUGE.

Tous les hydrofuges n'ayant eu jusqu'à présent pour principe que de résister à l'humidité, leur insuffisance est aujourd'hui entièrement reconnue; l'inventeur du nouvel enduit, M. Proeschel, quai Napoléon, n. 23, pénétré, après de nombreuses recherches, des vraies causes de la dégradation, est enfin parvenu, par une composition chimique et en combinant son application, à résister à la force de l'action chimique et physique du principe destructeur : il empêche, d'une part, les murs de devenir humides, et de l'autre, l'humidité de l'intérieur d'endommager la peinture ou autres objets appliqués sur la surface de ces murs. Ce procédé est très-important, surtout pour garantir les tableaux et peintures exécutés dans les monumens publics sur la pierre ou le plâtre.

ÉTAMAGE.

L'étamage des batteries de cuisine, si important pour la salubrité des alimens, a été perfectionné par M. J. Agard, rue de l'Arcade, n. 26.

ÉTOFFES POUR MEUBLES.

Une médaille d'argent à l'Athénée des arts et une autre à l'Exposition des produits de l'industrie, ont été décernées à M. Vauchelet fils, et à sa sœur, rue Charlot, n. 9, et rue Richelieu, n. 48, pour leurs draps, velours et autres étoffes imprimées ou peintes, tapis de tables, etc. Ces étoffes, de la plus belles exécution, sont peintes à l'huile et ne craignent pas la piqûre des vers, ni les rayons du soleil.

FONTAINES.

Les fontaines sans fer, nommées *polyfiltres*, de M. JAMINET-CORNET, rue Sainte-Marguerite, n. 19, sont remarquables par leur bonne construction, leur solidité et leur propreté intérieure et extérieure ; elles offrent l'avantage de donner une grande quantité d'eau, la plus pure et la plus claire qu'il soit possible, au moyen des réservoirs de carbonisation. A ces fontaines sont joints de nouveaux robinets à vis qui ne laissent rien à désirer pour la commodité. Le procédé de M. Jaminet-Cornet peut être adapté à de vieilles fontaines ; voici le tableau de ses prix.

POLYFILTRE SIMPLE,

Adapté dans une vieille fontaine.

Dans une fontaine de 1 voie. . . . . . . 7 f. 50 c.

2 voies. . . . . . . 8　50

3 voies. 10

4 voies. 13

5 voies. . . . . 16 fr.
6 voies 20

POLYFILTRE CARBONISÉ,

Adapté dans une vieille fontaine.

Dans une fontaine de 1 voie et demie. 9 f. 50 c.
2 voies. 10   50
3 voies. 12   50
4 voies. 15   50
5 voies. 20
6 voies. 25

PRIX DES FONTAINES POLYFILTRE CARBONISÉ.

Double.

En grès demi-voie. 16
Fontaine de 1 voie 20
1 voie et demie 25
2 voies. 30
3 voies. 35
4 voies. 45
5 voies. 55
6 voies. 65

Simple.

Fontaine de 1 voie et demie 20
2 voies. 25
3 voies. 30
4 voies. 35
5 voies. 45
6 voies. 50

Fontaines à filtration ascendante pour le service des ménages, inventées par M. Lelogé, fontainier, rue Neuve-Saint-Etienne-Bonne-Nouvelle, n. 15.

Le système de la *filtration ascendante* empêche l'eau de déposer jamais ses impuretés sur es filtres, d'en obstruer ainsi les pores, de leur communiquer un goût fétide, et de garantir l'infiltration, comme il arrive dans les fontaines à filtres ordinaires.

Dans les fontaines à filtration ascendante, l'eau destinée à filtrer est placée dans un réservoir supérieur, d'une pierre non filtrante; elle se précipite par un tube vertical dans un réservoir inférieur, qui forme le fond de la fontaine où elle se dépouille de ses impuretés; c'est de là qu'épurée déjà par le premier dépôt et comprimée par la masse de liquide qui vient du réservoir supérieur, elle pénètre, par ascension, à travers une pierre filtrante, dans un troisième réservoir intermédiaire.

Le dépôt formé dans le fond de la fontaine peut être facilement enlevé par le moyen du robinet d'eau ordinaire.

Le prix des fontaines est de : une voie, 20 fr. ;

une voie et demie, 25 fr.; deux voies, 5o f. et trois voies, 35 fr.

La Société d'encouragement, en approuvant ce système de l'inventeur, a décidé qu'une description, avec figures, de ces fontaines, serait insérée dans l'un de ses bulletins, afin de les porter à la connaissance du public.

On trouve aussi dans ce magasin un assortiment de fontaines à filtre ordinaire bien au-dessous du cours, et il tient des fontaines filtrées au charbon du système de MM. Smith et Guchet.

FONTE.

La fonte de fer douce française prend, dans les ateliers de M. Dumas, rue de Charonne, n. 47, toutes les formes imaginables, et s'applique aux pièces de mécanique et de quincaillerie les plus massives comme aux objets les plus délicats de bijouterie. On remarque ses roulettes pour meubles et lits, chenets et galeries, garde-cendres nouveaux, porte-parapluies, porte-pelles et pincettes, porte-chapeaux, gratte-pieds, mains de marteaux de portes, et tous les articles désirables de la bijouterie à l'instar de celle de Berlin.

FOURNEAUX.

Un fourneau économique, offrant une plaque à poser les casseroles, un four à rôtir, une étuve, une rôtissoire dont la broche tourne par le feu, un foyer à cuire les côtelettes, un bassin dans lequel on maintient toujours de l'eau chaude, a été inventé par M. ZANI, fumiste, rue du faubourg Saint-Martin, n. 157.

Nous ne pouvons nous dispenser de rappeler ici les fourneaux de M. HAREL, rue de l'Arbre-Sec, n. 50, déjà si avantageusement connus. Ces appareils si ingénieusement variés s'appliquent à tous les usages de l'économie domestique, et sont fabriqués avec le soin et la solidité qui ont acquis à cette maison un si haut degré de réputation.

FUSILS.

Les fusils à charnière, dits *Fusils-Lefaucheux*, rue de la Bourse, n. 10, sont déjà très-avantageusement connus. Ils se chargent par la culasse avec ou sans cartouches. Les cheminées d'amorce, les amorces et les platines sont semblables à celles des fusils ordinaires. Ces fusils se chargent avec la plus grande rapidité et dans toutes positions, assis, debout, couché, sans qu'on soit obligé de poser la crosse à terre. On ne risque jamais de mal charger ou de mettre double charge, et l'on peut les décharger très-facilement sans se servir de baguette et sans perdre la charge. Il est désormais reconnu qu'ils portent plus juste et plus loin que ceux jusqu'à présent en usage.

Ces fusils ont sur tous les fusils du système Pauly, c'est-à-dire à *culasse basculante*, l'avantage de pouvoir toujours s'ouvrir et se fermer *malgré la rouille et l'engraissement*. Leur maniement est celui du fusil à piston ordinaire, et ils s'arment et se désarment de même que ces fusils.

Les prix du fusil à charnière sont les mêmes que ceux du fusil ordinaire de Paris ou de fabrique. (Voir *le Constitutionnel, le Courrier Français* et *le Temps* du 28 avril 1833; *le National* du 29 avril, même année; *la Gazette de France* du 12 mai 1833, et *la Quotidienne* du mois de mai même année.)

Les fusils-Lefaucheux sont également fabriqués par MM. Beaucheron-Pirmet, Delebourse, Devisme, successeur de Deboubert,

Lefaure, et Prélat, qui ont rendu justice au mérite de l'inventeur en traitant avec lui pour l'exploitation de son système.

M. J. A. ROBERT, rue Coq-Héron, n. 3 *bis*, est inventeur d'armes à feu d'après un nouveau système, pour lesquelles il a obtenu un brevet d'invention de quinze ans, et une médaille d'or.

Ce système, applicable aux armes de guerre et de chasse, n'est point un simple perfectionnement, une légère modification de ce qui a déjà été fait, mais une conception destinée à opérer une révolution dans les armes.

La baguette est supprimée ; la platine est remplacée par un seul ressort, la cheminée et l'amorce des fusils à piston n'existant plus, ainsi que les mouvemens d'armer, d'amorcer, de passer l'arme à gauche, de déchirer la cartouche et de bourrer.

La charge s'opère en quatre temps très-faciles à exécuter dans toutes les positions. Ouvrir la bascule, placer la cartouche, fermer le fusil et tirer la détente pour faire feu : voilà toute la manœuvre qui peut s'exécuter sans que le soldat quitte la position de bajonnette croisée. Elle donne aussi au tirailleur la facilité de charger et tirer lors même qu'il serait couché à plat ventre.

Un prolongement de ressort se montre à l'extérieur du fusil quand il est armé et disparaît quand il est au repos.

Pour *désarmer* on ouvre la culasse et on tire la détente.

Pour *décharger* on retire simplement la cartouche du fusil.

Tous les accidens paraissent impossibles, car le canon ne peut recevoir qu'une seule charge à la fois, sans qu'elle puisse en aucun cas prendre une disposition nuisible à la sûreté de l'arme. La charge qui ne pourrait pas entrer par la bouche du canon, est forcée et donne une portée plus grande que celle du fusil à baguette avec moins de poudre; on peut charger et tirer quinze coups à la minute.

L'inflammation de la poudre s'opère par la percussion de l'extrémité du ressort contre un petit tube en cuivre rempli de poudre fulminante, et solidement fixé à la cartouche. On peut néanmoins employer au besoin les cartouches destinées aux fusils ordinaires, l'amorce du fusil à piston, et même charger sans cartouches quoiqae sans baguette. Après avoir trempé le fusil et les cartouches dans l'eau, on peut encore charger sur-le-champ et faire feu.

Simplicité dans le mécanisme, promptitude dans la charge : voilà deux perfectionnemens qui, parmi beauconp d'autres, recommandent le système Robert ; et l'expérience de trois années a sanctionné les avantages de cette belle invention.

GANTS.

Au moyen d'un mécanisme ingénieux, que M. DUCASTEL, rue du Hasard, n. 8, a nommé le *Régulateur de la coupe*, il obtient, par la simple pression d'une mollette, l'impression dans tous ses détails de la coupe des gants avec la plus grande précision. Les pouces sont également tracés à la mécanique, les carabins et fourchettes sont coupés à l'emporte-pièce. De là cette parfaite régularité et cette élégance de forme qui distinguent les gants de la fabrique de M. Ducastel. Ce mécanisme qui peut s'appliquer à toutes les grandeurs de mains, offre encore une notable économie de temps et de matière, et si l'on considère la qualité supérieure, le fini et la beauté du travail, on comprendra toute l'importance du perfectionnement que l'on doit à ce fabricant.

Prix, la douzaine.

Gants.	Hommes	fixes.	32 f.
—	—	clairs	28
—	Femmes	fixes.	27
—	—	clairs	24
—	Enfans	fixes.	18
—	—	clairs	15
—	Piqués demi-anglais	fixes.	39
—	—	clairs	36
—	Mitaines.		21
—	Demi-longs		39

Et 1 fr. de plus pour les gants de commande. Tous les gants sont vérifiés afin d'en éviter le choix.

GARDE-FEU MÉCANIQUE.

M. FASBENDER, rue Saint Denis, n. 368, a obtenu un brevet d'invention pour ce garde-feu composé de deux colonnes qui se placent latéralement devant chaque pilastre de la cheminée, et surmonté d'une galerie qui s'adapte à volonté, et qui s'agrandit suivant la longueur

de chaque cheminée ; cette galerie qui fait ornement au garde-feu a l'avantage tant désiré
jusqu'alors , d'empêcher les enfans de tomber
dans le foyer; en ouvrant ou en fermant le garde-
feu , le tissu métallique rentre naturellement
par moitié dans chaque colonne ; il s'alonge à
volonté et s'agrafe au milieu de la galerie.

GARDE-ROBES.

Appareil diviseur de M. Dalmont, achitecte.

Depuis long-temps le système de fosses éta-
blies dans les habitations des villes réclamait de
grandes améliorations ; aussi plusieurs inven-
teurs ont essayé de contenir dans les fosses , l'air
méphitique qui sans cesse s'échappe de ces sortes de récipiens ; mais jusqu'ici presque tous
les efforts ont été superflus ; car jusqu'ici
aucun n'avait réussi à faire la séparation des matières. Ce but a été atteint par M. Dalmont.

Prenant pour exemple ce qui se passe dans les
campagnes, et ayant remarqué que, dans ces
lieux, la plus grande partie des fosses n'exha-
lent aucune odeur, il est parvenu à offrir le
même résultat avec sa garde-robe diviseur.

Dans la campagne , les fosses ne sont pas,

comme dans les villes, destinées à contenir toutes les matières tant solides que liquides. Elles
perdent dans les terres toutes les substances qui
peuvent s'échapper, mais les matières solides
restent au contraire dans le trou fait pour recevoir les deux matières.

Le liquide séparé naturellement du solide,
n'est pas remué à chaque instant par de nouvelles matières qui tombent dans ce récipient.
La fermentation occasionée par deux substances chaudes par elles-mêmes n'a plus lieu, puisque le liquide se perdant dans les terres ne sé-
journe pas, comme dans nos fosses actuelles,
avec le solide. Il ne reste donc plus dans la fosse
que la matière solide, qui seule ne donne plus
d'odeur puisqu'elle est séchée à son tour par les
terres environnantes. C'est donc sur ce principe
que M. Dalmont s'est appuyé, et il a pensé que
la séparation des matières pouvait seule apporter ce résultat. C'est à cet effet qu'il a inventé
un siége de garde-robe dit siége garde-robe diviseur. Cet appareil remplit les conditions de
ne pas donner d'odeur et en même temps d'offrir des économies, car les vidanges, qui jusqu'à ce jour sont très-coûteuses, seraient faites
sans aucune rétribution, moyennant l'abandon

par les propriétaire des matières contenues dans les tonneaux, à la charge par l'inventeur de fournir la chaux nécessaire pour que le résultat que l'on attend s'opère et lui donne la facilité d'enlever, non des tonneaux renfermant des matières liquides et solides, mais bien des matières solides.

Cette invention a obtenu une mention honorable de l'Athénée des arts.

M. Lamotte, boulevard Montmartre, n. 10, est inventeur d'une nouvelle garde-robe à la française, et à l'anglaise, dite à bascule et à robinet (*suffinboch*), contenant toujours trois pouces d'eau, garantissant de toute mauvaise odeur et d'une grande simplicité.

Les garde-robes de M. Mohr, passage du Petit-Saint-Antoine, rue Saint-Antoine, n. 69, réunissent tous les avantages que l'on recherchait depuis long-temps. L'usage en est facile ; au moyen d'un seul bouton que l'on pousse, la matière tombe dans la fosse et l'eau jaillit dans la cuvette pour la nettoyer. Il tombe ensuite deux verres d'eau qui restent jusqu'au moment de nouvel usage de la garde-orbe. M. Mohr en fait aussi de petites sans réservoirs.

Outre ces garde-robes nouvellement perfectionnées, M. Mohr fabrique aussi des appareils inodores, à la française, déjà avantageusement connus depuis plusieurs années, soit dans Paris, soit dans les départemens. La fermeture est tellement hermétique, que l'on peut les employer sans réservoirs, ce qui diminue considérablement les prix et devient une grande économie pour les propriétaires, puisque les appareils que l'on emploie journellement usent une grande quantité d'eau qui oblige de vider les fosses plus souvent, et causent des dégradations très-dispendieuses. Il fabrique les appareils à robinets et les vend bien au-dessous du cours, par le moyen qu'il fabrique lui-même et qu'il n'a pas d'ouvriers à payer; c'est ce qui diminue beaucoup son ouvrage. Il les garantit de toute odeur; ils peuvent aller un temps considérable par le moyen qu'il donnera aux personnes qui l'honoreront de leur confiance qu'il demande à gagner.

Il tient aussi les cuvettes à bonde, ce qu'il y a de mieux dans Paris; il en a fait le modèle lui-même.

GLOBES.

GLOBES AÉROPHYSES TERRESTRES ET CÉLESTES,
DE MM. WEINLING ET COMP., DE STRAS-
BOURG.

Les rapports faits par MM. Arago,
Rendu et Reaume, à l'Académie royale des
sciences, au conseil royal de l'instruction publique et à la Société de géographie, rendraient
inutiles ici d'autres détails sur la nature et
l'objet des globes aérophyses.

Nous devons nous contenter de résumer
brièvement le résultat unanime de ces trois
rapports. Les globes aérophyses ne le cèdent
aux globes ordinaires, ni pour l'exactitude, ni
pour la précision et le complet des détails scien-
tifiques. Ils sont, comme les autres, de dimensions variées et peuvent soutenir la comparaison
pour la netteté et la belle exécution des con-
tours et des indications écrites; ils ont sur les
globes ordinaires l'avantage considérable d'être
d'un transport facile et d'un usage partout
également commode. C'est un morceau de peau
qu'on porte sur soi, dans une boîte, qu'on
tend par le souffle et qu'on dresse partout où
l'on veut s'en servir.

Leur prix est des trois quarts moins élevé que celui des globes ordinaires.

La monture mobile qui les supporte (dont toutes les parties se rajustent avec promptitude et solidité) se démonte avec facilité, de façon que le globe de 8 pouces, avec sa monture, est contenu dans une boîte de 9 pouces de diamètre sur 3 pouces de hauteur.

Le globe de 18 pouces de diamètre offre en outre le tracé des routes des plus célèbres navigateurs, depuis Christophe Colomb jusqu'à Beechey et d'Urville. Son échelle est assez grande pour qu'il puisse remplacer un atlas entier de géographie moderne.

Le prix du globe de 18 pouces, monté, qui a toujours été de 450 fr., n'est que de 120 fr.

Le dépôt se trouve chez M. Flamand, rue Notre-Dame-de-Nazareth, n. 30.

GUÈTRES.

Un brevet a été obtenu par M. VOLAND, rue Traversière-Saint-Honoré, n. 33, pour ses guètres d'hommes, de dames et de chasse ; il fabrique aussi des bas lacés, des pantalons à guètres et autres, contre les entorses, gonflemens de jambes et autres accidens.

HUILE POUR HORLOGERIE.

Les différentes parties du mécanisme des montres offrent des frottemens qui ne peuvent être diminués que par l'emploi d'une substance grasse qui les libréfie.

Deux inconvéniens graves s'offrent dans l'emploi de certaines matières grasses ; les unes non-seulement s'épaississent par le fond, mais deviennent solides, et cessent par là de produire l'effet pour lequel elles ont été employées : d'autres sont acides et corrodent plus ou moins fortement les pièces sur lesquelles on les a répandues.

L'huile que fabrique M. LEGUÉ, horloger rue Saint-Honoré, n. 137, n'a aucun de ces inconvéniens ; elle n'est nullement acide et ne peut corroder les parties qu'elle touche. L'usage a prouvé combien cette substance offre de propriétés utiles.

HYDROCARBONIFÈRE.

Appareil sans vapeur, avec lequel on peut en quelques minutes chauffer plusieurs lits soit avec de l'eau bouillante soit avec du feu, sans craindre aucun danger. Prix avec le cylindre à l'eau seulement, 16 à 18 fr.; avec le cylindre à feu, 23 à 25 fr.; et avec l'appeil complet de sa boîte, 34 à 36 fr. Chez M. CHEVALIER, rue Montmartre, n. 140.

INCRUSTATIONS.

L'incrustation, bien que connue en France depuis long-temps pour l'usage des meubles, n'avait pas encore été appliquée à une foule d'objets de première nécessité et qui ne permettent point d'employer les moyens ordinaires; il a donc fallu créer un nouveau genre d'incrustation. M. HÉRARD-DEVILLERS, rue de Crussol, n. 1, après de longues recherches et de nombreux essais, est parvenu à fabriquer des objets en incrustation de lacque qui peuvent remplacer avec avantage les lacques de Chine; ces ouvrages, dont l'incrustation fait tout le mérite, se recommandent par la variété des sujets, le bon goût et la fraîcheur des dessins.

M. Hérard-Devillers a exposé une table à déjeuner d'une grande dimension avec douze sujets différens; une très-belle corbeille de mariage avec incrustation d'un genre nouveau, et différens petits objets en incrustation de

nacre, tels que des dessus de brosses, des cla-
quettes, des albums et des dessus de soufflets.
Le genre de M. Hérard-Devillers peut s'appliquer, comme on le voit, sur toute espèce de
matières. La modicité de ses prix met sa découverte à la portée de la petite propriété.

INDICATEUR A SONNETTE

OU TÉLÉGRAPHE DOMESTIQUE.

Barbou, serrurier en bâtimens, rue Montmartre, n. 58, est auteur de l'indicateur à sonnette qui transmet aussi vite que la pensée, les
ordres du chef de maison, à telle distance qu'il
se trouve de celui qui les reçoit. Ce mécanisme
simple et ingénieux agit au moyen d'une
petite manivelle à la main, dirige l'aiguille du
cadran qui est divisé en plusieurs parties ou
cases ; et la fixe à la volonté sur celle qui contient les noms ou objets écrits sur des cartons
mobiles renfermés dans ces dites cases. Le même
mouvement alors se répète à un second cadran
placé en vue et en tous lieux convenables quelque éloignés qu'ils soient.

Cette transmission s'opère par un coup de
sonnette, donné immédiatement au second
cadran ; elle prévient par le bruit à fixer l'atten-

tion sur la case où s'est reposée l'aiguille indiquant le nom ou l'objet qu'on demande.

Cet instrument a donc, non-seulement par son double effet spontané, l'avantage d'accélerer le service, mais encore celui d'éviter les démarches inutiles de telle ou telle personne qui souvent ne serait pas celle avec laquelle on desire communiquer.

Ce mécanisme est peu dispendieux et n'est pas sujet à réparation ; en cas d'accidens il peut se réparer aussi facilement qu'un cordon de sonnette ordinaire ; il s'emploie avec avantage dans tous les établissemens publics, tels que ministères, administrations, bains, hôtels, magasins, etc.

On trouve également chez l'auteur un procédé simple et infaillible, servant à fermer les portes d'elles-mêmes, sans opposition de force, sans bruit et n'étant sujet à aucune réparation.

INSECTO-MORTIFÈRE.

M. Leperdriel, pharmacien, rue du Faubourg Montmartre, n. 78, a composé une liqueur pour la destruction des punaises.

INSTRUMENS DE JARDINAGE.

Le vaste magasin d'instrumens aratoires de M. ARNHEITER, membre de la Société d'horticulture, rue Childebert, n. 13, offre la plus grande variété d'objets de son invention, ou perfectionnés par lui. Les nombreuses récompenses obtenues par cet habile industriel doivent lui mériter la confiance du public.

MM. RAFIN et MONTAGNAC, impasse Sainte-Opportune, n. 7, fabriquent aussi des instrumens de jardinage aussi solides que bien exécutés.

JARDINIÈRES.

M. AGARD, rue de l'Arcade, n. 26, a produit à l'exposition de la Société d'horticulture de 1836, des jardinières anglaises, composées de vases superposés très-ingénieusement et au moyen desquels on peut former des bouquets pyramidaux et conserver les fleurs de la manière la plus agréable. Ces jardinières ont fixé l'attention publique; leur prix varie suivant leur grandeur et leurs enjolivemens; les plus simples coûtent 10 fr.

JARRETIÈRES.

M. FLAMET jeune, que nous avons cité à l'article *Bretelles*, fait des jarretières élastiques sans coûtures très-solides au prix de 2 fr. 5o c. à 10 fr. Sa fabrique est rue des Arcis, n. 25.

JOUETS.

Nous devons signaler ici les jouets de la fabrique de M. BROUILLET-CACHELEUX, rue Saint-Denis, n. 116, qui ont attiré l'attention publique lors de la dernière exposition de l'Academie de l'industrie.

LACETS.

M. LAMBERT, breveté pour ses lacets indéferrables, rue Saint-Denis, n. 135, a obtenu une mention honorable à l'Exposition de 1834. Ces lacets réunissent à une solidité à toute épreuve, une forme élégante et une parfaite régularité. Le ferret est de la plus grande précision et leur pointe bien formée.

LAMPES.

Depuis long-temps le perfectionnement des lampes pour l'éclairage des appartemens, est le but des travaux d'un grand nombre de fabricans ; aussi cette branche importante de l'industrie est-elle une de celles qui a fourni le plus d'objets divers aux différentes expositions. Les plus légers changemens, les plus simples modifications ont été prônés avec éclat, et le charlatanisme s'est montré là, plus visiblement que partout ailleurs. Il est aujourd'hui bien démontré que les lampes mécaniques, dites Carcel, qui ont été à la fois simplifiées et perfectionnées, sont les meilleures que l'on puisse obtenir ; cependant, il est juste de dire que les lampes ordinaires ont été très-améliorées ; nous ne parlerons ici que des productions de ce genre les plus récentes et dont les avantages ont été bien positivement constatés.

Les Lampes mécaniques de M. Lory, breveté, rue de Grenelle-Saint-Germain, n. 13, offrent l'avantage de n'être sujettes à aucune espèce de fuite, par la simplicité de leur système ; l'huile étant ascensionnée au bec avec une grande abondance, la lumière ne varie jamais.

Le prix de ces lampes varie depuis 50 fr. et au-dessus, en raison de leur grandeur et de leur richesse.

Lampes diaphanes de M. VAUVRAY, rue Neuve-Saint-Etienne-Bonne-Nouvelle, n. 16.

Ces Lampes sont appelées *diaphanes* parce que la bougie diaphane y est employée comme mèche. Elles sont en cuivre poli et de forme agréable. Chaque bec ne consume que 2 centimes d'huile par veillée de 5 heures, et donne autant de lumière que deux chandelles, sans ombre et sans fumée. La lumière en est fixe et invariable, ces lampes étant à niveau constant. A ces avantages, les *Lampes diaphanes* joignent celui d'une durée indéfinie et d'un prix très-modique.

M. SARRANT, rue du Helder, n. 23, a apporté, aux lampes hydrostatiques, des perfectionnemens et des simplifications qui les rendent d'un usage facile. Elles produisent un éclairage égal et brillant, ne renferment que de l'huile et ne sont sujettes à aucune réparation, puisque par le service journalier, elles se nettoient d'elles-mêmes. Le prix des lampes de M. Sarrant est de 28 fr.

Lampe-Encrier. M. CHEVALIER, rue Montmartre, n. 140, vend au prix de 10 à 15 fr.

une lampe à bec plat, donnant une lumière aussi intense que celle des becs ronds, et ne consommant que pour 2 centimes d'huile par heure, sans donner de fumée.

Les lamps mécaniques, dites Carcel, perfectionnées par M. Décourt, passage Choiseul, n. 30, varient de prix à raison de leur luxe, de 55 à 300 fr.

M. Grivard, rue Neuve-des-Petits-Champs, n. 79, fabrique avec perfection des lampes Carcel.

Les *Lampes-Carreau*, ou lampes mécaniques simplifiées, pour lesquelles M. Carreau, rue des Fossés-Montmartre, n. 24, a obtenu un brevet d'invention, éclairent autant que les meilleures lampes mécaniques connues, et se distinguent des autres par la simplicité de leur construction, ce qui permet de les établir à des prix inférieurs.

La lampe ordinaire, gros bec, coûte 45 fr. et celle demi-bec, 40 fr.

M. Galibert, rue Neuve-Saint-Augustin

n. 34, fabrique des lampes mécaniques, d'après un système dont il est l'inventeur, qui permet de les donner à un prix presque moitié au-dessous de celui des lampes Carcel. Ces lampes ont été mentionnées honorablement à l'Exposition de 1834, et ont obtenu une médaille de la Société d'encouragement.

M. CLACHET, rue Dauphine, n. 12, a inventé un nouveau bec qui peut s'adapter à tous les genres de lampes ; il offre l'avantage d'éclairer autant que les lampes mécaniques, en laissant six lignes de mèche ne charbonnant jamais ; il a appliqué ce système à des lampes de bureau très-économiques. On doit encore à M. Clachet des réflecteurs d'une bonne disposition.

LAMPIDON.

M. FOURQUEZ, rue du Faubourg-Saint-Denis, n. 131., a obtenu un brevet d'invention pour le Lampidon qui peut servir à l'éclairage des habitations, des bureaux, des ateliers et des rues. L'huile couvre le bord du bec et le préserve de l'action du feu ; jamais elle ne s'abaisse au-dessous, ne s'élève au-dessus, ne s'extravase ou ne se répand.

La mèche, toujours nouvelle, spongieuse et gonflée d'huile, produit une lumière inva. riable, sans odeur et sans fumée ; toutes les pièces employées dans les autres lampes pour prévenir l'épanchement de l'huile, la fumée, la variation de la lumière , sont supprimées dans celle-ci. Il se charge d'appliquer ce nouveau système à tous les anciens appareils suscep- tibles de le recevoir.

LAQUE DE CHINE.

Depuis long-temps on a employé, pour net- toyer et entretenir le lustre des meubles, un encaustique qui, par sa préparation avec de la térébenthine , leur donne une odeur fort dés- agréable et y laisse en même temps une crasse, de manière qu'en s'asseyant sur une chaise nou- vellement frottée, on risque de tacher les vête- mens et de leur donner une mauvaise odeur.

M. Fichtenberg, rue des Bernardins, n. 34, après de longues recherches, a trouvé le moyen de fabriquer un vernis auquel il donne le nom de *Laque de Chine*, parce que les meubles , entretenus avec ce vernis, pren- nent un brillant fort éclatant : l'odeur en est fort agréable. Son emploi est très-facile et d'un prix très-modique.

M. Fichtenberg fabrique aussi un vernis, qui est infiniment meilleur marché que la cire, pour frotter les parquets des appartemens : il donne un lustre très-facilement et a une odeur très-agréable. Dans beaucoup de grands hôtels, on emploie de l'un et de l'autre et on en est fort content.

La *Laque de Chine* s'emploie de la même manière que la cire et l'encaustique.

La fabrique de Laque de Chine de M. HÉRARD-DEVILLERS, rue de Crussol, n. 1 , offre des incrustations des meubles de fantaisie, pendules, corbeilles de mariage , nécessaires, albums, buvards, souvenirs, boîtes à thé, etc., qui lui ont valu une médaille de l'Académie de l'industrie.

LIGNES.

M. MONTIGNAC, inventeur des lignes dites *Montignac*, rue Saint-Honoré , n. 144, fabrique des lignes d'une beauté et d'une solidité extraordinaires. Elles sont approuvées par les amateurs et reconnues par eux pour être supérieures à toutes les autres, même aux lignes anglaises. Elles ont le précieux avantage de ne point *se tordre, se détordre* ou *s'amollir à l'eau*. Elles sont sans nœuds, ont de 10 à 200 pieds de longueur, fines et grosses, et sont propres à toutes espèces de pêches, mais particulièrement à celle de la *truite*, la *carpe*, la *perche*, le *brochet*, le *saumon*.

LITERIES.

M. ACHARD, rue du Renard-Saint-Sauveur, n. 11, a obtenu un brevet pour ses procédés d'épuration et d'assainissement des plumes, laines, crins, duvets et édredon. Il blanchit aussi à neuf les couvertures de laine et de coton.

Les prix sont :

Plume lessivée, assainie et remise à neuf.

La livre	» f.	30 c.
Laine et crin, *id.*	»	20
Duvet.	1	
Edredon.	3	

Dégraissage et blanchissage.

Toile à matelas ordinaire.	50
Id. cylindrée.	75

En futaine et remise à neuf.	1 f.	5o c.
Coutil de lit, dégraissé, cylindré et ciré.	7	
Coutil blanchi , *id.*	5	
Oreiller , traversin , *id.*	1	75
Coutil de lit ciré seulement.	2	5o
Oreiller ou blanchissage , *id.*		75
Blanchissage à neuf de couvertures laine ou coton.	2	
Cardage de laine et crin neuf, la livre.		15
Façon de matelas ordin. par pied, pris sur la longueur.		5o
Bordés.		75
A plates bandes.	1	25

M. TAFFIN, rue Saint-Denis, n. 3o3, est breveté du roi pour l'invention d'un procédé à épurer de vers et de mauvaises odeurs les plumes, duvets, laines et crins à l'usage des meubles et du coucher, qui offre de grands avantages. La plume, en tel mauvais état qu'elle puisse être, soumise aux opérations de l'auteur, perd non-seulement les mauvaises qualités que le temps et l'usage lui ont fait contracter, mais acquiert encore une salubrité qu'elle ne peut avoir sans cette préparation , même lorsqu'elle est neuve ; elle augmente du double de son volume , recouvre la blancheur qui lui est propre , et n'est plus susceptible de contracter les vices précités.

Cet établissement est le seul en ce genre qui ait obtenu des distinctions ; breveté en 1824 ; chargé de l'entretien des couchers du Garde-Meuble de la couronne et des châteaux royaux. Exposition de 1834 ; citation et médaille d'argent, en 1835, accordées par la Société d'encouragement.

LUNETTES.

JUMELLES CINTRÉES.

M. Chevalier; opticien du Roi, quai de l'Horloge, n. 1, avait déjà, sous le nom de Jumelles, confectionné des lunettes propres à regarder des deux yeux en même temps les objets éloignés. Cette amélioration dans le système ordinaire laissait encore à désirer un perfectionnement de plus ; la fixité des deux corps de lunettes ne permettait point, selon le besoin, de les ajuster à l'écartement si variable entre chaque globle oculaire : l'opticien habile a voulu compléter son œuvre; le modèle nouveau qu'il vient d'exécuter ne présente plus cet inconvénient grave. Les jumelles cintrées sont disposées de telle façon qu'elles se meuvent sur les tuyaux d'oculaires servant à mettre les verres au point précis de la vision, et conservant toujours un parallélisme exact, se placent aisément à l'écartement convenable de la configuration particulière de l'organe de la vue.

La portée de ce mécanisme si simple est remarquable; les mêmes jumelles cintrées pourront être désormais utilisées par un nombre infini de personnes, tandis que les jumelles à mollettes seulement ne pouvaient convenir qu'à ceux dont la distance d'un œil à l'autre se trouvait identiquement en rapport avec la structure de l'instrument.

MAILLECHORT.

Ce métal, porté aujourd'hui au plus haut degré de perfection, *remplace l'argenterie,* avec des avantages si surprenans, qu'il lui est même supérieur à certains égards, ayant la propriété si essentielle de ne jamais se rompre ni se bosser en tombant; de supporter le degré de la chaleur rouge sans s'altérer, et de recevoir la dorure ou vermeil avec plus de solidité, et par conséquent plus de durée qu'aucun des métaux connus.

Cette précieuse découverte, avec ses heureux perfectionnemens, n'a donc plus besoin que d'être connue pour en sentir l'utilité générale, en ce qu'elle concilie deux choses extrêmement importantes pour les familles, savoir : l'économie des capitaux, sans cesser d'avoir la même représentation.

Quand les perfectionnemens sont eux-mêmes devenus comme une seconde découverte, on ne peut plus confondre le *Maillechort* vec les essais tant de fois renouvelés en ce genre, et dont aucun n'a répondu à l'attente du public. On ne désignera point ici ces compositions éphémères qui ont d'abord trompé l'œil, et dont le moindre usage a fait justice. Le Maillechort coûte quatre fois moins que l'argent. On le reprend en tout temps à 8 fr. la livre, et le vermeil, sur le même métal, à 15 fr.

On trouve au dépôt, rue des Pyramides-Saint-Honoré, n. 7, des couverts et de la vaisselle plate de toute espèce, même en vermeil, tout ce qui se rattache au plus simple comme au plus brillant service de la table. Les prix suivans peuvent donner un exemple de la valeur des divers objets.

Le couvert à filets. . . . . . . 8 f.
  Idem uni. . . . . . . 6 50 c.
Petit couvert d'enfant à filets. . 7
  Idem   uni. . . 5 50
Cuillère à café à filets. 1 90
  Idem uni. 1 50

Nous devons dire ici que ces couverts exigent la plus grande propreté et les soins les plus attentifs, parce que, sujets à l'oxidation, ils pourraient devenir nuisibles à la santé.

MM. Bonnot, Cercueil et Gombault, rue Traversière-Saint-Antoine, n. 9, fabriquent tous les ustensiles de ménage en Maillechort, au moyen d'une machine à vapeur.

M. Péchinay, quai Valmy, n. 45, a obtenu une mention honorable à l'Exposition de 1834, et une médaille de l'Académie de l'industrie en 1835, pour ses produits de Maillechort. Il fabrique une foule d'objets en Maillechort fondu, résultat que personne n'avait pu obtenir avec succès avant lui; son Maillechort est à volonté ductile, brillant, sans soufflure , et imite l'argent à s'y méprendre ; pour modèle de ses produits il expose divers échantillons comparés à ceux en argent et en cuivre argenté.

DÉSIGNATION DES OBJETS COMPARÉS.

Un Christ de 24 pouces avec sa croix, valant sept fois moins cher que l'argent.

Argent au titre. . . . . 40 marcs   4000 fr.
Cuivre argenté. . . . . 40 à 50 m.   1500
Maillechort ou argent neuf.   50 marcs   500

Un Christ de 15 pouces avec sa croix.

Argent au titre. . . . . 15 marcs   2000 fr.
Cuivre argenté. 20   500
Maillechort ou argent neuf.   20   200

Un buste de Louis-Philippe, seul fondu en Maillechort. . . . . 100 fr.

Une balance à colonne. . . . . 150 tr.

Une paire de chandeliers de dix pouces.

Plaqué au dixième.   Maillechort ou argent neuf.

Nº 1.   25 f.   30 f. pesant. 4 livr.
Nº 2.   25   25   3   8 onc.
Nº 3.   25   20   2

Un manche de gigot.

4 f.   4 f.   6 onc.

Un numéro de voiture avec son cadre.

6 50 c.   6

M. Péchinay fond l'argent neuf, dit Maillechort, sur toutes espèces de modèles, de 6 à 10 fr. la livre, suivant l'importance des modèles.

Couverts unis 40 fr. la douzaine; filet 50 f.

MESURES LINÉAIRES.

Ces mesures, inventées par M. Champion, rue du Mail, n. 18, ont obtenu des récompenses aux Expositions des produits de l'industrie et à la Société d'encouragement.

Ces mesures consistent en rubans enduits, à *imprimure* imperméable, roulés dans des boîtes de cuir bouilli ou de bois, où elles rentrent au moyen d'une manivelle ou d'un couvercle mobile; elles servent à l'arpentage, au mesurage des arbres, au jaugeage des navires et bateaux, opérations de voiries et d'architecture.

Le ruban présente d'un côté les mètres divisés par centimètres et chiffrés par décimètres; au revers le pied ou toute autre division étrangère ou arbitraire.

La jauge de 4 mètres de longueur pour les cuves, chaudières et citernes.

Jauge pour les tonneaux de toutes capacités.

Mesures pour la taille de l'homme.

Toises pour les chevaux.

Mesures pour les tailleurs d'habits, coiffeurs, bottiers et cordonniers.

Mesures métriques sur rubans pour obtenir le poids des bœufs.

L'enduit dont ces rubans sont imprégnés n'est susceptible ni d'écaillure, ni d'alongement, et est à l'abri des effets hygrométriques.

On trouve encore dans le même établissement des toiles préparées pour la levée des plans, sur lesquelles on peut dessiner ou écrire au crayon ou à la plume.

Canevas enduits servant à couvrir les arbres et les espaliers, et à ombrer les vitraux des serres ; ils s'emploient pour les gardes-manger, jours d'écuries, laiteries et chambres à fruits ; on en fait des *sacs pour conserver les raisins*, qui remplacent les sacs de crin, coûtent moins et durent davantage.

Cordes enduites pour étendre le linge sans jamais le tacher. Ces cordes ne coûtent qu'un quart du prix de celles en crin, et sont d'une bien plus grande durée.

Rubans et cordes de jalousies.

Papier imperméable pour l'emballage et la conservation des fourrures, dentelles, lainages, dorures et herbiers. Ce papier est d'un grand usage pour les expéditions d'outre-mer; il remplace avec avantage le parchemin pour couvrir les bocaux; il est employé dans la pharmacie et la parfumerie. Son prix est très-modique.

Huile de lin siccative pour préserver de l'oxidation les fers, les tôles, et notamment les caisses à eau remplaçant les tonneaux de mer.

Coutils enduits cinq quarts de large, pour tentes, bâches, pavillons, couvertures de billards et autres meubles tapissés, rideaux de remises, etc.

M. Bonnet, rue des Deux-Portes-Saint-Sauveur, n. 26, fabrique des mesures linéaires sur des rubans imperméables pour le toisé en général et des mesures de fantaisie genre français et anglais; elles sont utiles aux tailleurs, aux chapeliers, aux coiffeurs, aux cordonniers; il en fait également qui sont renfermées dans des barils de bois indigènes et des îles, en ivoire, nacre et écaille.

MEUBLES.

M. MEYNARDET, rue du Faubourg-Saint-Antoine, fabrique des meubles de luxe, avec incrustations en cuivre, d'une grande beauté.

Une médaille a été décernée à M. BAUDRY, rue Neuve-Saint-Roch, n. 10, pour ses meubles gothiques.

Les meubles de la fabrique de M. WERNER, ébéniste breveté, rue Vanneau, n. 10, qui ont figuré à l'exposition de l'Académie de l'industrie, ont fixé l'attention du public par leur richesse et leur perfection. M. Werner a obtenu des médailles aux quatre dernières Expositions des produits de l'industrie.

M. HIOLLE, rue Beautreillis, n. 13, fabrique des tables fort belles en bois richement décoré.

Les meubles de MM. GROHÉ frères, rue de Grenelle-Saint-Germain, n. 107, ont été admirés à la dernière exposition de l'Académie de l'industrie.

M. **Pelz** fait des incrustations en cuivre, en ivoire, gravées et non gravées, rue Saint-Antoine, n. 177.

Nous citerons encore les incrustations du plus beau fini de M. **Meynard**, rue du Faubourg-Saint-Antoine, n. 52.

MICROSCOPES.

Le Microscope achromatique perfectionné, d'un nouveau système, par M. Vincent **Chevalier**, quai de l'Horloge, n. 69, a une vis micrométrique qui permet de mesurer avec précision et en $1,000^{mes}$ parties du millimètre, les longueurs et les diamètres de corps, tels que les globules du sang, les écailles d'ailes de papillons, etc., ainsi qu'un cercle divisé (placé sur la plaque porte-objet qui est mobile) pour mesurer les angles des cristallisations. Avec cet instrument, on peut observer verticalement et horizontalement.

Le *Microscope* achromatique, système Amici, amélioré par les objectifs. Mais ce qu'il faut remarquer *et surtout apprécier*, ce sont les perfectionnemens qu'ont subies ces lentilles objectives achromatiques dans leurs dimensions, tout en augmentant le pouvoir amplifiant. La plaque porte-objet est mobile, au moyen de vis qui font varier la position des objets, pour les observer avec précision, dans leur longueur et leur diamètre.

Le Microscope achromatique simplifié, pour tâcher d'en modifier le prix, sans rien diminuer du parfait achromatisme des objectifs.

Le Microscope achromatique vertical, nouvellement perfectionné, accessoires, etc.

Le petit Microscope à lentilles simples, destiné aux élèves qui commencent les observations de botanique ou d'histoire naturelle.

Le Microscope solaire perfectionné, avec application des lentilles achromatiques. Il est à focus variables, servant à concentrer les rayons solaires et à les modifier.

Microscope à gaz oxi-hydrogène, avec l'appareil à bouts de platine, formant jets.

Chambres claires (*camera lucida*), systèmes Amici et Wollaston, réduites cette année dans de plus petites proportions, tout en conservant les améliorations apportées par M. Chevalier, et dont l'appréciation est démontrée par l'usage.

Mégascope solaire, *redressant* et *renversant* les objets. On trouve encore chez M. V.

Chevalier le nouveau *Coupe-Bois* (dit couteau micrométrique) inventé par lui , et à l'usage des microscopes , pouvant couper des tranches de bois , liège , moëlle de sureau , etc. , en 3o et 4o^mes parties de ligne d'épaisseur.

M. V. Chevalier a obtenu , pour ses Microscopes , des médailles aux Expositions de 1827 et 1834 , à la Société d'encouragement et à l'Athénée des arts.

NÉCESSAIRES.

M. PICHENOT , passage de l'Opéra , n. 17 et 18 , fabrique des nécessaires de voyage en bois de palissandre et dont la partie intérieure est en peau. Ces objets , remarquables par la perfection du travail et par le fini des parties d'acier , peuvent rivaliser avec ce que les Anglais ont de mieux fait dans ce genre.

On trouve , dans ses beaux magasins , un grand nombre d'objets de luxe d'une exécution remarquable.

OLÉINE SAPONIFIÉE.

Cette composition tirée des huiles fixes végétales, inventée par M. LAGOUTTE, rue Bourg-l'Abbé , n. 20 , peut remplacer toutes espèces de savons , soit pour la barbe , soit comme cosmétique employé en lotions, en bains et toutes les applications extérieures.

Le prix d'une boîte, qui peut suffire à l'usage d'une année, est de 1 fr. 50 cent.

ORFÉVRERIE.

Paris est incontestablement le lieu qui renferme le plus grand nombre de fabriques d'orfévrerie, aussi remarquable par la perfection du travail que par la grâce et le bon goût des formes. La maison qui a le plus récemment donné des preuves d'améliorations, est celle de M. DURAND, rue du Bac, n. 8, qui fabrique des pièces d'orfévrerie d'une richesse et d'un goût admirable, qui lui ont valu une médaille à l'Exposition de 1834.

OUTRES FRANÇAISES.

Nous avons déjà parlé de M. GAGIN, Grande-Rue de Vaugirard, n. 150, à l'article *Caoutchouc*. Il a trouvé un dissolvant autre que les huiles essentielles de pétrole ou celle qui provient de la fabrication du gaz de charbon de terre, qui ont une odeur insupportable, et après s'être livré avec ardeur à des expériences multipliées, il est parvenu à faire un enduit parfait, avec lequel il rend imperméables les peaux de boucs et de chèvres qui lui servent à fabriquer ses outres ; elles ont une forme commode, elles sont légères et peu embarrassantes, et n'ont aucun des inconvéniens qui ont fait rejeter tous les autres vases essayés successivement jusqu'à présent, pour un usage analogue.

Le prix des outres portatives de M. Gagin est de 3 fr., et l'Athénée des arts, après les avoir examinées avec soin, a décerné une médaille à leur auteur.

OUVRAGES EN CHEVEUX.

M. LEMONNIER, rue du Coq-Saint-Honoré, n. 13, a porté au plus haut degré de perfection l'art du dessin en cheveux, et a donné à cette industrie une importance toute nouvelle. Les objets qu'il a exposés à l'Académie de l'industrie lui ont mérité une médaille. M. Lemounier emploie, pour l'exécution de ses ouvrages, des moyens mécaniques qui lui permettent de les donner à des prix très-modérés.

PAINS A CACHETER.

Les pains à cacheter ordinaires sont fabriqués avec soin par MM. EMPTOZ, rue des Marmousets, n. 28, et GARDET-HOYAU, rue

Saint-Martin, n. 115. Ce dernier fait des pains glacés, façon anglaise, marbrés, façon agathe, approuvés par l'Athénée des arts. On trouve chez MM. MARION, Cité-Bergère, n. 14, SUSSE, place de la Bourse, n. 7. QUINEDAY, rue des Petits-Champs, n. 15, et BEUGÉ, rue des Vieux-Augustins, n. 64, des pains à cacheter transparens, à camées, à devises, chiffres simples ou doubles, surmontés ou non de couronnes.

PAPIERS DE FANTAISIE.

Nous désignons par cette expression tous les papiers de couleurs, satinés, moirés, gaufrés, maroquinés, dorés ou argentés ; les papiers pour fleurs artificielles, les papiers lisses ou marbrés dont se servent les relieurs et les cartonniers. Plusieurs maisons ont voulu se livrer à ce genre d'industrie, devenu un véritable objet de mode ; mais il n'en est point qui puisse rivaliser avec la maison PRÉVOST-WENZEL, rue Saint-Denis, n. 242, passage Bourg-l'Abbé. C'est non-seulement le plus ancien établissement en ce genre, mais c'est aussi à juste titre le plus renommé, et celui qui a le plus apporté de perfectionnemens aux nombreux articles de sa fabrique.

L'Art de faire les fleurs artificielles en papier, dont M. Prévost-Wenzel est lui-même l'auteur et l'éditeur, est un guide certain, que nous recommandons aux personnes qui se livrent à ce passe-temps aussi utile qu'agréable.

PAPIERS.

La fabrication du papier à la mécanique a permis de diminuer beaucoup les prix de cet important article de l'industrie, et cette diminution se fait surtout remarquer sur le *papier à lettre*. Trois maisons se sont livrées plus spécialement à sa préparation et à sa vente, MM. Weynen, rue Saint-Marc-Feydeau, Marion, Cité-Bergère, n. 14, et Susse, place de la Bourse, n. 7. On trouve dans ces établissemens des papiers à lettres de tous les formats, de toutes les qualités et de toutes les couleurs, à de très bas-prix; des papiers parfumés, glacés, moirés, estampés à écussons, et chiffres secs ou en couleur, initiales, couronnes, emblêmes, légendes, etc.

Les magasins de M. Mozart, rue Vivienne, n. 3, se recommandent surtout par la grande variété des nuances de ses papiers qui ne permettent en aucune manière la falsification de l'écriture. (Voyez *Papiers de Sûreté.*)

PAPIERS DE SURETÉ.

On ne doit pas être surpris de l'audace et de la facilité avec lesquelles les faussaires commettent leurs crimes, puisque, jusqu'à présent, rien n'a été opposé aux moyens qu'ils emploient pour falsifier, surcharger ou altérer des actes publics ou particuliers.

Le *Papier de Sûreté* de M. Mozart, fabricant breveté, rue Vivienne, n. 3, est le seul préservatif contre l'altération dans tous les actes ; il possède la propriété de changer de couleur par n'importe quels réactifs qui pourraient être employés pour détruire l'écriture ; il décèle la moindre tentative de falsification, et indique de quels moyens le faussaire a voulu se servir. Sa couleur blanche se perd aussitôt, et se trouve spontanément remplacée par une couleur vive et tranchante qui interdit à tout jamais l'usage de l'écrit sur lequel le faux allait être commis.

C'est rendre un grand et véritable service au public que de le garantir, par l'emploi du Papier de Sûreté, des nombreux et graves in-

convéniens qui résultent de l'usage des autres
papiers, et toutes les classes de la société sont
intéressées à ne se servir désormais que de celui-
ci. Les nombreuses personnes qui en font usage
s'étonnent même que le gouvernement ne l'ait
pas encore adopté, surtout pour le timbre ;
car son mérite ne permet aucune espèce de
falsification : il joint encore l'avantage d'être
très-doux à la plume, de la même couleur
que les papiers ordinaires, et de convenir à
toute espèce d'encre.

PAPIER A POLIR.

M. Verdot a inventé du papier-cuir à po-
lir, qui remplace avec avantage le papier de
verre.

PAPIERS MARBRÉS.

Ces jolis papiers imitant le marbre, l'agathe,
les racines et les bois, et employés avec succès
pour les cartonnages et les reliures, ont été
perfectionnés par M. Fichtenberg, rue des
Bernardins, n. 34, qui peut en offrir à des prix
modiques, une grande variété, remarquables
par le bon goût, le brillant des couleurs et le
soin de la confection.

M. Peysant, dit Tison, fabricant de papiers marbrés, rue des Noyers, n. 8, quartier Saint-Jacques.

Ces papiers qui étaient tombés dans une sorte de discrédit ont repris faveur depuis quelque temps et sont pour beaucoup dans le luxe de la reliure. M. Peysant a introduit, dans la fabrication de ces papiers, des améliorations notables.

On remarque surtout ses papiers à petit peigne. Il y a soixante ans que tous ces papiers ne se fabriquaient que chez un seul artiste qui est mort en emportant son secret, et depuis tous ses confrères firent de vains effort pour le découvrir. M. Peysant chercha à son tour; il fut plus heureux, et bientôt il vit les amateurs de beaux livres affluer dans ses ateliers. On remarque aussi le papier-marbre, que ce fabricant fait établir par rouleaux à un prix bien modique et qui sert à tapisser le soubassement des appartemens. Il se fabrique par le même procédé que les autres papiers-marbres.

Il faut observer que tous les papiers qui sortent des ateliers de ce fabricant, peuvent être lavés avec une éponge sans que l'on risque d'altérer en rien la vivacité des couleurs qui reprennent bientôt leur premier éclat et peuvent ainsi supporter toutes sortes de vernis.

PAPIERS DE TENTURES.

TENTURES EN SOIE ET PAPIERS DE LA FABRIQUE DE M. RIMBAUT, RUE MONTESQUIEU, N. 4.

M. Rimbaut a fait fabriquer à Lyon une étoffe de soie très-légère et satinée, dite *florence*, mais plus large que le *florence* ordinaire. Par un procédé qui lui est particulier, il colle cette soie sur un papier blanc de tenture; puis, la soumettant à l'action du rouleau, qui imprime les dessins des papiers peints, il l'enrichit des plus beaux ornemens veloutés, et obtient aussi une tenture, qui, en soie, imite les satins et les velours brochés les plus élégans.

L'aune de ce florence, ainsi collé et imprimé, revient encore à 10 fr.; mais cette étoffe remplace un satin ou un velours qui coûteraient de 25, 30 à 50 fr. l'aune. Un satin broché en argent, par exemple, que M. Rimbaut contrefait pour 10 fr., coûterait de 90 à 100 fr. La soie, qu'on nomme quinze-seize tout uni, revient de 12 à 15 fr., et ne peut être comparée à celle de M. Rimbaut.

Ainsi, sous le rapport artistique et pour

l'embellissement de la demeure de l'homme riche, il y a un grand avantage à faire des tentures par le procédé de M. Rimbaut. Son étoffe de soie imite d'une manière étonnante les étoffes de Lyon du prix le plus élevé, si élevé même qu'il est fort peu usité de sacrifier ces somptueuses soieries à la tenture des plus riches palais. Elle produit des effets d'une beauté admirable et des ameublemens d'un goût, d'une élégance, dont le luxe ne saurait être surpassé. Il est juste de faire ici remarquer encore que son tissu, resserré par l'encollage et doublé d'un papier épais, ne tamise, ne retient rien de la poussière que tamisent et retiennent les autres tentures de soie ou de tapisserie : cette sorte d'enduit gras et sale en ronge assez promptement les éclatantes couleurs et le frêle tissu. Un simple coup d'époussetoir en garantit chaque jour les tentures de M. Rimbaut, qui ont obtenu une mention honorable de l'Athénée des arts.

PAPIER D'OR.

M. Delport, rue Guérin-Boisseau, n. 24, tient une fabrique de papier d'or et d'argent mat et bruni, fin, demi-fin et faux ; on y trouve un assortiment complet de bordures gaufrées, d'objets divers en papier d'or, de griffes dorées, de toutes sortes, pour sultans et boîtes. C'est un des premiers fabricans de ce genre qui se soit établi à Paris, et grâce aux nombreux perfectionnemens qu'il a introduits dans les procédés de cette fabrication, grâce aussi à la modicité de ses prix, son établissement a pris une extension très-considérable, et l'on peut s'y procurer de charmans ornemens pour toutes sortes de travaux de cartonnage et de fantaisie.

PARAPLUIES.

M. Cazal, rue Montmartre, n. 169, a obtenu un brevet d'invention pour les perfectionnemens qu'il a apportés dans la confection des parapluies et des ombrelles, en remplaçant les ressorts qu'on emploie ordinairement et dans lesquels le coulant vient s'accrocher, soit en haut pour ouvrir, soit en bas pour fermer, par un double levier fixé sur le coulant, par ses deux points d'appui, réunis à goupille par l'une des extrémités de chaque partie, et dont les deux autres extrémités s'accrochent successivement sur deux anneaux fixés à demeure, l'un en haut et l'autre en bas du manche. Il suffit, pour faire jouer ce petit mécanisme, d'appuyer légèrement sur le point de réunion des deux parties du levier, sous lequel est en outre placée une paillette qui aide encore au mouvement. On ne risque pas avec ce ressort de se pincer les doigts, ainsi que cela arrive souvent avec le mode ordinaire, et en évitant de pratiquer dans les manches aucune rainure et entaille, M. Cazal obtient plus de force et de légèreté, sans augmentation dans les prix de ces objets. L'invention de ce fabricant lui permet d'établir ses manches avec des matières qu'il était difficile d'y employer jusqu'ici, telles que baleines, joncs, rotins, corne et écaille : il se sert également de tubes creux métalliques, pouvant se démonter. L'Athénée des arts et la Société d'encouragement ont donné leur approbation aux travaux de M. Cazal.

PARAVENS-THÉATRE.

M. Prot, fils aîné, fabricant de papiers peints, passage Choiseul, n. 79 et 81, est l'inventeur de ces paravens qui, placés dans un salon, y forment tout de suite un théâtre, pour jouer la comédie, se posent et se déposent en moins d'une minute. Une seule personne peut les placer ; car, étant fermés, ils n'ont pas plus de huit pouces d'épaisseur. Tous les ornemens dont se composent ces paravens sont exécutés en papier peint, et s'ajustent à toute espèce d'appartement.

On en trouve toujours, dans les magasins de M. Prot, un bel assortiment. Il y en a même de prêts en tout temps pour la location.

Cet établissement renferme une immense variété de papiers peints, genre étoffe et décors ; des perses à grandes fleurs, des perses étoffes de Chine, relevées d'or et d'argent ; des lampas qui ont le brillant de la soie. Les moulures sont remplacées par des boudins de bois recouverts de riches galons or et veloutés : on y trouve aussi, pour salles à manger, des panneaux bois citron ou d'érable, avec incrustations de bois de palissandre ou d'acajou, des coutils taille douce de toute dimension pour salle de billard et salle de bains.

On distingue surtout des satins noirs à fleurs vives, des satins tapis, genre turc, des châlis d'une nouvelle espèce, des mousselines et dentelles qui offrent la plus parfaite imitation d'une draperie doublée de soie, des veloutés de diverses nuances, des paysages charmans en coloris, grisailles et peints à la main, et généralement tout ce qui concerne le décor.

PEAUX.

Les peaux à teintes métalliques, de la fabrique de M. LABOURIAN, rue Christine, n. 10, semblent avoir obtenu le plus haut degré de perfection ; elles ont mérité à M. Labourian une médaille à l'Exposition de 1834.

PÉDILUVE IRRIGATEUR.

Appareil pour bain de pieds, à réservoir supérieur et à jets continus. Prix 9 à 11 fr., chez M. CHEVALIER, rue Montmartre, n. 140.

PEIGNES.

M. GUILBERT fils, successeur de son père, fabricant de peignes d'écaille, rue Neuve-Saint-Martin, n. 14, est avantageusement connu pour la perfection de ses peignes d'écaille, qu'il exporte en grand nombre à l'étranger ; il tient un assortiment de peignes imprimés, gravés, polis en or, émaillés, en-

richis de découpures, gaufres de toutes grandeurs et de toutes formes.

On trouve aussi chez lui des peignes de
corne imitant l'écaille.

M. Poinsignon, rue de Bondy, n. 76,
fabrique des peignes qui par leurs couleurs, la
disposition de leurs nuances et leur souplesse,
imitent, à s'y tromper, les plus beaux peignes
d'écaille; ils jettent même plus d'éclat. Plusieurs expériences ont prouvé que leur solidité est inaltérable.

PEINTURE.

M. Horner a obtenu une mention honorable à l'Exposition de 1834, pour ses imita-
tions de marbre et de bois précieux. Il peint
des meubles en bois blanc, de telle sorte
qu'ils imitent les bois exotiques avec incrustations au point qu'il est presque impossible de
les distinguer des bois naturels.

Après plusieurs années d'expérience et des
essais nombreux, M. Bignon, rue du Fau-
bourg-Saint-Martin, n. 64, est parvenu à
imiter en peinture, par un procédé nouveau,
toutes sortes de bois indigènes et exotiques.
Cette peinture sèche dans l'espace de dix mi-

nutes, et ne laisse après elle aucune odeur ; sa solidité est à toute épreuve. Elle peut même facilement se laver et s'adapter sur toutes sortes de tons et même sur bois cru.

PENDULES.

M. Henry Robert, horloger Palais-Royal, galerie Valois, n. 164, a été cité avantageusement pour ses pendules dont les prix sont inférieurs à ceux des pendules vendues par les bons horlogers, et cependant sont garanties comme bonnes et sûres, et même supérieures à la plupart de celles de la bonne horlogerie. Il donne des régulateurs pour 250 fr. et des pendules à sonnerie pour 78 fr.

Les *Compteurs* de M. Robert, propres à donner la mesure exacte du temps pendant lequel un phénomène s'accomplit, ont été jugés très-favorablement par une commission de la Société d'encouragement pour l'industrie nationale.

On trouve encore chez le même artiste une montre solaire, à   5 fr.

Un cadran solaire horizontal, à   8

Une boussole, à   6

Un réveil universel, sur lequel peut être placé

une montre quelconque, qui suffit pour mettre
en action une très-bruyante sonnerie,   29 fr.
un réveil à mouvement fixe,   57

PERRUQUES.

MM. Normandin frères, fabricans de perruques, rue Neuve-des-Petits-Champs, n. 5,
passage des Pavillons, s'occupent avec zèle du
développement de leur industrie. Il est une
foule de branches d'industrie, dont l'importance n'est guère connue du public. De ce
nombre est celle du commerce dont les cheveux sont l'objet, depuis le jour où on les
récolte sur la tête des villageoises de plusieurs
de nos départemens, jusqu'au moment où l'art
du coiffeur leur fait prendre tant de formes
diverses.

MM. Normandin adressèrent en 1834 au
jury un mémoire sur le commerce des cheveux,
aussi curieux qu'instructif. A cette époque ils
firent une exposition très-bien entendue et qui
indique assez que ces messieurs, qui ont obtenu
une mention honorable en 1823 et 1827,
exercent leur art, non-seulement en habiles
praticiens, mais encore en hommes d'esprit.
Elle se divisait en deux parties. D'un côté,

ils faisaient apprécier l'importance de leur industrie, en montrant tout le travail que les
cheveux subissent avant de passer de leur état
brut à celui de perruques, de faux toupets, etc.
De l'autre, ils nous montraient combien leur
art est fécond et varié, combien il a fait de progrès et jusqu'à quel point on peut le rapprocher
de la nature, en étalant à nos yeux les différens
genres de perruques, qui se sont succédé depuis
Louis XIII jusquà notre époque.

M. MONAIN, rue Saint-Honoré, n. 18, est
inventeur d'un nouveau Métallique à pression
mécanique, à pression volontaire, et de plusieurs
procédés pour l'amélioration des perruques et
toupets en frisures naturelles. La manière de
travailler empêche d'employer toutes qualités
inférieures.

Perruques et toupets sans tulle pour faciliter
la transpiration, toupets implantés de tous
modèles, perruques à pression fixe; on peut
même y adapter toutes sortes de pressions élastiques et volontaires; toupets, perruques de
toutes dimensions, d'une grande commodité
et à brides, élastiques à crochets et collés en
tulle chevelu et à jour; ainsi que des nouveaux

ressorts perfectionnés, garantis pendant toute la durée de l'objet, les inconvéniens des ressorts qui ont été employés jusqu'à ce jour étant de percer toutes les parties auxquelles ils sont adaptés malgré toutes les précautions mises en usage.

Perruques de dames implantées en cheveux longs, à bandeau et frisure naturelle, Titus, Ninon, devant de tête à pression douce, natte, bandeau, tours à pointe implantés, frisés, et tout ce qui concerne la coiffure.

Perruques et toupets à 12, 15, 18 et 20 fr.

Au moyen des nouvelles formes de cache-folie de M. TELLIER, galerie d'Orléans, n. 197, Palais-Royal, les dames peuvent se coiffer elles-mêmes, en cinq minutes, de toutes les manières, et sans se servir de peignes. Prix : 25 fr.

Ses nouvelles coiffures pour hommes, appelées *toupets-perruques*, sont confectionnées sans aucun ressort ni élastique, et tiennent sur la tête, sans aucune pression, à l'aide d'un ruban disposé de manière à fixer solidement la coiffure sur tel endroit de la tête que l'on puisse désirer, en laissant le front plus ou moins découvert, et en évitant les poches que font ordinairement les perruques. Prix : 20 fr.

M. Tellier est le seul qui se serve des moules métriques pour prendre la mesure de toutes les formes de tête ; à l'aide de cet ingénieux procédé, celui qui commande une coiffure peut voir tout de suite si elle tiendra solidement, si elle ne le gênera pas et si elle est à sa convenance ; une personne, même éloignée de Paris, est sûre, en faisant une commande, que la coiffure ne peut que lui bien aller.

L'inventeur envoie et délivre gratis les moules métriques.

M. Tellier ne s'est pas seulement occupé de la fausse chevelure. Il vient d'introduire dans la coupe des cheveux une notable amélioration. Avec le *peigne métrique*, qu'il a inventé, et qui a été adopté par les principaux coiffeurs, en France et à l'étranger, chacun est assuré que ses cheveux seront coupés régulièrement et de la manière qui lui convient le mieux.

PESO-STÈRE

Cet appareil, de l'invention de M. FAYARD, marchand de bois, quai d'Austerlitz, n 7, sert à la fois à peser et mesurer le bois, et a complètement résolu la difficulté, puisqu'il présente la mesure d'un stère ou double stère de bois, en même temps qu'il en offre le poids; de telle sorte que le consommateur peut en achetant son bois au quintal ou au cent pesant, se rendre compte si le prix demandé est en rapport avec le prix courant du double stère.

Cet appareil consiste en un pont à bascule, ou balance de proportion suivant le système de Rollé de Strasbourg et du rapport de *un à cent*; sur cette balance est établi un double stère, mesure de Paris, contenant deux mètres cubes, dont la base est un plan horizontal de la longueur de la bûche, et dont le haut est terminé par une barre transversale, en sorte que les quatre côtés sont ainsi arrêtés d'une manière fixe et invariable.

L'invention de cet appareil, qui peut donner ainsi en toute saison, et à tous les instans, le poids du double stère de chaque espèce de bois, a conduit naturellement son inventeur à livrer au poids du *bois tout scié* d'avance, de toutes les longueurs qu'on peut désirer; ces bois sciés qui sont placés à couvert, et dont le poids est ainsi indépendant des variations du temps, présentent plus d'un avantage au public.

En effet, les bois sciés à l'avance, et exposés à couvert au grand air, acquièrent ainsi de la qualité pour la combustion, puisque chaque bûche présente à l'action de l'air six ou huit surfaces au lieu de deux, et que le bois achève de perdre toute espèce d'humidité ; puis on évite par là les embarras du sciage à domicile, la surveillance qu'il faut y apporter, le bruit, la malpropreté, la longueur de cette opération pendant laquelle le bois était souvent exposé à la pluie et dans la boue, enfin beaucoup d'autres inconvéniens.

L'usage de faire arriver à domicile du bois tout scié est devenu surtout indispensable, depuis que les trottoirs se construisent dans beaucoup de quartiers, et que le passage fréquent des omnibus à 3o centimes a de beaucoup accru la circulation des voitures, déjà si nombreuses dans la capitale.

L'appareil de M. Fayard a été approuvé par le comité consultatif des arts et manufactures ainsi que par la société d'encouragement de l'industrie nationale, et son admission a été autorisée par M. le ministre de l'intérieur en 183o.

PHARMACIES PORTATIVES.

Ces pharmacies inventées et perfectionnées par MM. Payot et Regnier, rue des Lombards, n. 28, sont remarquables par leur bonne disposition et leur commodité.

La plus grande de ces pharmacies, hermétiquement fermée, contient 150 articles sous un très-petit volume. Les médicamens s'y conservent sans altération.

Ces pharmacies seraient très-utiles pour les armées en campagne, pour les villages, bourgs et autres lieux éloignés de toutes officines ; enfin, pour les armateurs et capitaines de navires au long cours, et autres qui sont forcés de renouveler intégralement les médicamens à chaque voyage.

Il s'y trouve de plus des ustensiles de pharmacie, comme mortier, pilulier, entonnoir, flacons, spatules, et des instrumens de chirurgie, tels que trousse, lancetier, sondes pleines et creuses, bougies élastiques, bandes, compresses, charpie, etc. ; le Manuel de santé de Marie Saint-Ursin. Enfin, un exposé manuscrit, exact et clair, des médicamens simples et composés, avec leur dose et la manière de les employer.

PIANOS.

Piano clavigrade élastique de M. Lahausse, accordeur, rue du Faubourg-Poissonnière, n. 1, dont les touches peuvent instantanément, par le simple mouvement d'une vis, subir une augmentation ou diminution considérable de résistance.

Ce nouveau mécanisme additionnel permet de parcourir, sans aucune entrave, toute l'étendue du clavier, et ne fatigue *en aucune manière* le mécanisme principal.

Son but direct est de faire acquérir, par *progression insensible*, l'indépendance et la force des doigts. On pourra ainsi suivre et soutenir pas à pas le développement musculaire des plus jeunes élèves, sans les obliger de jouer des bras ou de changer de piano, *le même instrument* pouvant alors servir pour tous les âges, pour toutes les études, pour tous les exécutans.

M. Lahausse se charge d'adapter cet utile perfectionnement à tous les pianos, quelles que soient leurs formes. Le prix variera de 25 à 50 francs.

Les pianos de M. Koska, rue Sainte-Croix-de-la-Bretonnerie, n. 14, offrent une amélioration dans la position de l'échappement droit et dans le pilote qui, se trouvant à double mouvement, empêche de faire sentir à la touche le contre-coup des étouffoirs; ensuite ayant éloigné les marteaux des cordes beaucoup plus que dans les autres pianos, tout en leur conservant une même force de jeu, il est arrivé à donner à ses pianos carrés autant de sons qu'aux pianos à queue : avantage immense, vu le prix élevé de ces derniers et l'embarras de leur volume.

M. Cluesman, rue Favart, n. 4, a reçu de l'Académie de l'industrie une médaille d'argent pour ses pianos à vis de pression. Cette invention ingénieuse, dont chaque jour démontre davantage toute l'utilité, devait nécessairement s'appliquer aux pianos de toutes les formes, et c'est en cherchant les moyens d'y arriver que l'auteur a été conduit à simplifier le mécanisme de ses instrumens, de telle sorte qu'il peut maintenant livrer les pianos à queue à 50 pour 100 au-dessous des prix ordinaires. Cependant, avant de profiter des

avantages qui lui semblent assurés, M. Cluesman a voulu soumettre de nouveau ses pianos
à la même Société, qui les a comparés avec
ceux des autres facteurs; elle a consulté les
professeurs les plus recommandables sur les
points délicats de la question.

Il suffit de réfléchir un moment aux progrès
de l'art musical en France depuis un demi-
siècle, et au nombre infini de personnes qui
jouent du piano, pour comprendre l'intérêt
qui s'attache aux travaux de M. Cluesman. La
musique fait aujourd'hui partie indispensable
de l'éducation; on l'enseigne dans les pensions
les plus élevées comme dans les écoles primai-
res. Le vœu du gouvernement est que l'on
perfectionne chez tous les individus ce langage
universel, à la portée de tous, et qui peint
avec la même fidélité les naïves émotions de
l'enfance et les sentimens les plus élevés de
l'âge mûr. Or, s'il est vrai que l'usage des
choses utiles et agréables croisse en raison de
la facilité que l'on a de se les procurer, que
ne doit-on pas attendre surtout d'une diminution considérable des prix de cet instrument !

Les pianos sont de deux espèces : Piano
droit, piano à queue. Voici le résultat des

observations de l'Académie de l'industrie sur ces instrumens.

§ 1er. *Pianos droits.*

Ils ont paru pour la première fois à l'Exposition publique en 1827 ; leur forme est commode, ils occupent peu de place , ils conviennent très-bien à l'accompagnement, et l'usage s'en répand dans toute l'Europe. M. Cluesman paraît avoir complété ce qu'on pouvait encore désirer de ces pianos sous le rapport de la solidité et du son. La table d'harmonie est placée derrière l'instrument, dont elle occupe toute l'étendue ; les barrages sont isolés , le chevalet est vissé sur des taquets qui correspondent à la table d'harmonie et lui transmettent directement les sons ; le sommier est situé près du chevalet sans être suspendu : ainsi les cordes n'ont que la longueur nécessaire. Plus de bouts inutiles, plus de boucles ; l'emploi des vis de pression perfectionnées simplifie tout et garantit tout ce qui concerne la facilité et la durée de l'accord.

§ 2. *Pianos à queue.*

Ces instrumens sont généralement adoptés

par tous les artistes pour jouer en public, à cause de leur son plein, large et nerveux. Ils conviennent à merveille aux grands appartemens, et tout porte à croire qu'ils seraient d'un usage à peu près universel, si leur dimension, leur poids et surtout la cherté de leur prix (2,500 fr.), n'y apportaient de grands obstacles. Il est inutile de dire que M. Cluesman, en s'efforçant de diminuer ces inconvéniens, n'a point eu la prétention de surpasser nos premiers facteurs, MM. Erard et Pleyel; il a voulu seulement simplifier le système de construction et mettre le prix à la portée du plus grand nombre des amateurs. Son piano, semblable à tous les autres pour la forme, se divise en deux parties, celle de dessus et celle de dessous. La première contient la table d'harmonie, les barrages et les cordes ; la seconde est consacrée à la mécanique; elle forme socle et s'attache avec des charnières à la partie supérieure.

Les cordes étant placées sous la table d'harmonie, se trouvent garanties de la poussière, de l'humidité, de la rouille; le marteau frappe directement dessus, et transmet immédiatement le son à la table d'harmonie, ainsi que pour les pianos droits. Les barrages sont établis sur les cordes; ils ne servent que de support et ne peuvent jamais ployer, étant soutenus par la table d'harmonie, ce qui empêche celle-ci de se déjeter. Le système des vis de pression achève de compléter les changemens introduits par M. Cluesman, et sans doute ce n'est pas l'un des moins avantageux, puisqu'il assure à la fois la conservation des cordes et la durée de l'accord.

Le peu de largeur des escaliers s'oppose assez souvent à l'introduction des pianos à queue dans certains appartemens, et la difficulté de manier des masses d'un poids aussi considérable (8 à 9 cents) occasionait fréquemment des avaries. Ces accidens n'auront plus lieu avec ces instrumens, puisqu'ils se divisent en deux parties, et qu'ils peuvent être montés à tous les étages, avec la plus grande facilité, par deux hommes.

En résumé, les procédés nouveaux offrent une économie considérable de main-d'œuvre; économie de matières premières; car, sans rien perdre de la solidité nécessaire, le poids de l'instrument est diminué des trois cinquièmes; et enfin, comme il a été déjà dit, réduction de

5o pour cent sur le prix. Une médaille d'or a été décernée à M. Cluesman.

Les pianos améliorés de M. GAIDON jeune, rue Montmartre, n. 121, ont obtenu une médaille à l'Exposition des produits de l'industrie de 1834.

M. P. BERNHARDT, rue du Faubourg-Poissonnière, a obtenu des médailles aux dernières Expositions des produits de l'industrie pour le perfectionnement qu'il a apporté dans la confection de ses pianos; on a remarqué à l'exposition de l'Académie de l'industrie un piano de sa fabrique, carré, à double sonnerie, doublé en cuivre, à trois coudées et six octaves et demie.

PIANO A SEPT OCTAVES.

M. MERCIER, rue Basse-Saint-Pierre, n. 4, est du petit nombre de ceux qui ont le mieux réussi à améliorer la confection de cet instrument. L'élégance, le peu de volume de ses pianos, n'en excluent ni la force, ni la pureté des sons, ni aucun des autres avantages que les artistes et les mécaniciens recherchent dans les parties organiques d'un piano. Le clavier est prompt et facile dans sa marche, et les touches obéissent sans difficulté à la plus légère comme à la plus lourde pression. Outre ces améliorations, M. Mercier a eu l'heureuse idée de joindre à son piano une pédale, dont l'emploi est de diminuer le son à volonté et par gradation, de manière à produire au besoin des sons fantastiques, ou seulement à faire entendre des sons éloignés.

PINCEAUX.

Les pinceaux de bonne qualité pour l'aquarelle ou le coloris, sont rares; il est difficile de les bien choisir et souvent même, avec de l'habitude, on est encore trompé sur l'apparence des pinceaux qui se trouvent chez les marchands de couleurs. Il vaut donc mieux s'adresser directement dans l'une des fabriques les plus avantageusement connues, comme celle de M. Babeuf, rue de la Harpe, n. 4.

PLAQUÉ.

M. Ch. Balaine, rue du Faubourg-du-Temple, n. 93, ayant un dépôt Galerie Colbert, a porté le plaqué d'or et argent au plus

haut degré de perfection et ses produits sur-
passent ceux des Anglais dans ce genre, surtout pour la grâce et le bon goût des formes.
Comme eux, les ornemens sont en argent.
M. Balaine a obtenu une médaille à l'Exposition des produits de l'industrie de 1834 ; on
trouve chez lui un prix courant très-détaillé
de tous les objets qui se fabriquent dans son
établissement.

PLUMES MÉTALLIQUES.

L'emploi des plumes métalliques a été adopté avec un tel empressement qu'une quantité
considérable de fabricans en ont offert au
public sous toutes les formes possibles ; mais
le peu de soin apporté dans la confection de
ces petits instrumens, auxquels on est convenu
de donner le nom de *plumes*, la mauvaise
qualité de plusieurs de celles qui se vendent
à bas prix, les ont discréditées, et beaucoup de
personnes, après les avoir essayées sans succès,
les ont entièrement rejetées. Cependant, les
avantages qu'elles offrent, quand elles sont
bonnes, sont incontestables, et leur usage
n'exige qu'un peu d'habitude et l'emploi de
papier fin et doux. Nous ne parlerons pas ici

des nombreuses plumes métalliques portant des noms différens, parmi lesquelles il s'en trouve de fort bonnes ; mais nous dirons que jusqu'à présent les meilleures sont celles de M. Perry, rue Richelieu, n. 90, qui en fait une très-grande quantité, de qualités et à prix variables, mais toutes supérieures à celles des autres fabriques.

PLUMEAUX.

M. Loddé, rue Sainte-Avoye, n. 40, fabrique des plumeaux pour lesquels il a obtenu un brevet d'invention.

POIKILORGUE,
ou orgue varié.

MM. Cavaillé-Coll père et fils, rue Notre-Dame-de-Lorette, n. 14, ont inventé cet instrument, à clavier et à anches libres, différent néanmoins de tous les instrumens que l'on a faits d'après le même principe sonore (tels que *physharmonicas, pianos à soufflets*, etc.) par la puissance du son, qui, surtout dans la basse, a quelque chose d'imposant, et qui, susceptible d'être diminué et renflé à volonté, se prête à l'expression la plus variée.

Le meuble est de la forme d'un très-petit piano carré (monté sur des X) d'environ trois pieds de largeur sur deux pieds de profondeur.

Le peu de volume de cet instrument, la facilité du transport, et la grande puissance des sons, le rendent applicable aux églises pour accompagner les chœurs, dans les théâtres et dans les salons.

La simplicité du mécanisme et la précision de l'exécution garantissent la durée de l'instrument; et l'exactitude mathématique avec laquelle sont déterminées les dimensions des anches garantit le maintien de l'accord pendant plusieurs années.

Le *Poïkilorgue* a été l'objet de plusieurs rapports favorables à l'Institut royal de France et à l'Académie des sciences de Toulouse.

Le prix des Poïkilorgues à quatre octaves et demie est 1000 fr., et à cinq octaves 1200 fr.

POLYBRANCHES.

M. Robouam, rue de Grenelle-Saint-Honoré, n. 33, breveté pour les cannes-parapluies polybranches, a eu l'idée ingénieuse et nouvelle de faire de la charpente du parapluie ordinaire une canne que l'on peut facilement et promptement recouvrir d'un taffetas. Par leur réunion parfaite sous quelques petites bagues, jouant les nœuds d'un bambou, les baleines forment une canne du plus beau noir, à peine de la grosseur du doigt, du poids de dix à quinze onces, flexible, très-solide et surpassant en beauté les plus belles cannes en ébène. Pour la transformer en parapluie, on retire les petites bagues ; on passe et on boutoune le taffetas sur la canne, en ayant soin de ne pas croiser les baleines. C'est incontestablement ce qui, jusqu'à ce jour, a été fait de mieux en ce genre; rien de plus commode pour la ville et surtout pour la campagne.

Il y a des cannes depuis vingt-trois pouces de parapluie jusqu'à trente : les prix varient, selon la grandeur du parapluie et les ornemens, depuis 25 fr. jusqu'à 50 fr. ; mais pour 28 à 30 fr., on peut avoir un fort beau polybranche de vingt-cinq à vingt-six pouces de parapluie.

POMPES.

Tout ce qui tient au service des pompes est fabriqué avec la plus grande perfection dans l'établissement de M. le chevalier GUÉRIN, rue du Marché-d'Aguesseau , n. 10 et 12. Ses produits ont obtenu des récompenses et des encouragemens de plusieurs Sociétés savantes.

Les pompes de M. Haize, rue du Faubourg Saint-Martin , n. 98, sont d'une excellente construction; sa pompe d'irrigation sans piston, dite à tube mobile, donnant un mètre cube par minute, a remportée le prix de 3000 fr., proposé pour la meilleure machine d'irrigation au Sénégal.

PORCELAINES.

M. Jullienne-Moureau, rue du Bac, n. 50, fait fabriquer des porcelaines à *décor napolitain*, et étrusques remarquables par leurs formes gracieuses, leur légèreté et la perfection de la peinture.

M. Susse, place de la Bourse, n. 9 , tient un assortiment de jolies porcelaines à dessins égyptiens.

Les objets de luxe, tels que : vases, cabarets, chapiteaux, etc., de la fabrique de M. A. Lachassagne, rue Meslay, n. 55, ont attiré l'attention publique lors de la dernière exposition de l'Académie de l'industrie.

PORTEFEUILLES.

On trouve à la fabrique de MM. Holzba-
cher frères, rue Montmorency, n. 13, au
Marais, des portefeuilles de voyage et de poche
à 3 fr. la douzaine, très-propres et très-solides :
les autres, sous le rapport du luxe, ne laissent
rien à désirer. Des nécessaires couverts en
maroquin ou en cuir de Russie ; ces nécessaires, nommés trousses, sont d'origine anglaise ;
il y en a pour hommes et pour dames ; leur
petit volume les rend très-commodes. Des nécessaires en bois, d'un beau travail, depuis
2 fr. jusqu'aux prix les plus élevés. Tous se
distinguent par la bonne confection et par le
choix des objets qui les garnissent. Boîtes à
thé et à gants ; caves à liqueurs et autres petits
meubles.

PRESSES A COPIER.

Cet instrument si utile pour reproduire les
circulaires et toute espèce d'écriture dont on
veut obtenir un assez grand nombre de copies,
a été depuis quelques années confectionné
de différentes manières plus ou moins avanta-

geuses ; celle de M. Roumestant, rue Mont-morency, n. 10, d'un mécanisme simple et d'un facile emploi, peut être appliquée sur un registre relié, et éviter ainsi l'inconvénient d'avoir des feuilles volantes qui peuvent s'é-garer. Avec son secours, on peut en quelques minutes copier les travaux de plusieurs jours ; il suffit, par exemple, d'écrire une lettre sur de bon papier avec l'encre communicative ; lorsqu'elle est assez sèche, ouvrir son registre, prendre un feuillet ou plusieurs, selon le nombre de lettres écrites, mettre dessous une feuille de papier imperméable, couvrir ces feuilles d'un morceau de calicot humecté et d'une autre feuille de papier imperméable, fermer son registre et donner un tour de presse ; ensuite, le papier étant humecté, ôter le morceau de calicot, mettre sa lettre ou ses lettres sous un feuillet chaque de papier-copie, en ayant soin de les séparer dessus et dessous par une feuille de papier imperméa-ble ; fermer son registre et visser modérément ; laisser quelques instans, et la copie se trouve faite.

La presse à copier les lettres, à arcade en fonte de fer, à plateau, montée sur socle en

fonte vernie, garni d'un tiroir en zinc pour
humecter le papier.   65 f.

La petite presse de voyage à copier
les lettres ne pesant pas plus de quinze
onces ;   12

L'appareil de M. Edouard Lanet, de l'A-
cadémie des sciences de Bordeaux, boulevard
Montmartre, n. 16, appelé *Prompt-Copiste*,
est destiné à prendre sur-le-champ une ou plusieurs copies de l'écrit que l'on vient de tracer,
sans altérer l'original ; il se compose d'une
petite presse d'un facile emploi et peut s'appliquer sur des feuilles volantes ou sur des registres, sans être obligé de mouiller le papier,
et reproduire de la musique et des dessins au
trait.

Le prix de la presse, avec les objets accessoires et ceux de consommation, est de 130 fr.

REGISTRES.

Les registres à dos élastique de la fabrique
de M. Edouard Chalet, papetier, rue Neuve-
des-Petits-Champs, n. 39, sont remarquables
par la combinaison du système de reliure à

l'anglaise, avec celui à la française, et par la solidité de cette nouvelle reliure. Le perfectionnement obtenu par M. Chalet n'augmente pas cependant le prix de ses registres, qui varie suivant le volume, le format et la qualité du papier.

M. Roumestant, rue Montmorency, n. 10, fabrique des registres qui s'ouvrent comme par ressort et se tiennent d'eux-mêmes, parfaitement à plat, de manière à donner la facilité d'écrire jusqu'au fond du dos, quels que soient leur format et leur épaisseur : ils ne se déforment jamais, quelque souvent qu'ils soient consultés ; ils acquièrent même par l'usage une élasticité plus grande, sans rien perdre de leur solidité ni de leur forme. Les prix sont : journaux grands-livres, grandeur colombier, 15 fr. la main, et 15 fr. la reliure. Grand-Jésus, 12 fr. la main et 9 fr. la reliure. Grand-Raisin, 8 fr. la main, 7 fr. la reliure.

Les registres de M. Roumestant ont obtenu une médaille à l'Exposition de 1834.

RELIURE.

M. Koehler, qui a pendant long-temps

dirigé les ateliers de M. Thouvenin, fait aujourd'hui dans son propre établissement, rue des Fossés-Saint-Germain des Prés, n. 12, les ouvrages de reliure les plus soignés et les plus parfaits.

On a admiré à la dernière Exposition des produits de l'industrie les reliures sorties des mains de M. Duplanil, rue de Grenelle-Saint-Germain, n. 59, et celles de M. Simier, rue Saint-Honoré, n. 152.

SAVON POUR ENLEVER LES TACHES.

M. Vincent a obtenu un brevet pour l'invention de son savon qui enlève toutes sortes de taches grasses, quelle que soit leur composition, ou dégraisse toutes les étoffes qui peuvent supporter le lavage à l'eau froide ; il conserve aux étoffes tout l'éclat de leurs couleurs, particulièrement au drap, auquel il donne un lustre particulier.

On trouve ce savon chez l'auteur, rue Cloche-Perche, n. 15 ;

Malizard, parfumeur, rue de Grenelle-Saint-Germain, n. 23 ;

Bureau des Bains, rue Godot-de-Mauroy, n. 8 ;

Thomas, rue Bourg-l'Abbé, n. 34;

Meauduit, rue Grenelle-Saint-Honoré, 8;

Moreau, Palais-Royal, péristyle Montpensier, comptoir n. 6.

M. Oger, rue Culture-Sainte-Catherine, n. 17, a obtenu des médailles pous ses savons de toilette, qui sont d'une qualité supérieure. On doit rechercher aussi ceux de la fabrique de M. Latire. rue de la Verrerie, n. 54. MM. Mencel, rue Cloître Saint-Méry, 14, et Guerlain, rue de Rivoli, n. 42, font également des savons perfectionnés.

SERRURES.

M. Fichet, serrurier-mécanicien, rue Richelieu, n. 77, fait des serrures parfaitement incrochetables et sans secret. Tous efforts par fractions, soit avec fausses clefs, crochets ou rossignols, referment davantage la serrure. Le propriétaire, avec sa clef, peut l'ouvrir comme primitivement, sans efforts, et sans avoir besoin de serrurier.

Ce moyen s'emploie pour portes d'entrée, fermeture de commode, secrétaire, coffre-fort, et tout ce qui peut nécessiter une parfaite sûreté.

Il fait aussi des coffres-forts de toute dimension, et une nouvelle combinaison qu'il désire mettre à l'épreuve de l'ouverture.

M. Fichet a reçu une médaille à l'Exposition de 1834.

Des serrures de caisses et coffres-forts de sûreté, à combinaisons et de divers modèles, ont été inventées par M. GRANGOIR, mécanicien, rue Mouffetard, n. 307.

Une serrure à combinaisons à l'abri du tact, pour caisse, coûte   100 fr.

Deux tambours Brahma.   40

Une serrure Brahma de porte d'appartement   40

Serrures de portefeuille   20 à 30

M. CAMILLE-LEPAUL, rue de la Paix, n. 2, fabrique des serrures remarquables par leur exécution soignée, et dans les prix variés de 10 à 70 fr. On trouve encore dans son magasin des cadenas, tourne-broches et plusieurs articles de ménage en fer poli d'une très-bonne exécution.

SYPHON THERMOSTATIQUE.

Cette machine sert à mettre en équilibre de température du liquide placé dans des vases séparés, comme, par exemple, de chauffer l'eau d'un bain, sans mettre le fourneau ni dans le bain, ni sous la baignoire ; cet appareil peut s'appliquer à plusieurs branches d'industrie et chauffer les cuves des teintureries, blanchisseries, etc.

On fait des expériences publiques tous les jeudis de 2 à 5 heures, à l'établissement de M. Sorel et compagnie, rue du Bouloi, n. 4.

SOCQUES.

La nécessité de mettre ses pieds à l'abri de l'humidité par les temps pluvieux de l'hiver, a fait rechercher avec empressement les chaussures qui paraissaient atteindre ce bnt ; aussi ont-elles été modifiées et perfectionnées par un grand nombres d'ouvriers. Nous citerons :

M. Devaux, passage des Panoramas, n. 15, galerie des Variétés, pour ses socques articulés en liège, cuir et bois, avec ou sans élévation, ainsi que socques et claques qui s'adaptent aux pieds sans brides.

Le nouveau genre de chaussure, dite Socques corioclaves, de M. Varigant, rue des Saints-Pères, n. 65, est d'un très-bon usage ; ces socques forment une double chaussure et sont fermés de manière à remplacer avantageusement les claques.

La semelle maintient le pied ferme et se déforme difficilement. La totalité de la chaussure est en cuir de vache et résiste à l'humidité ; la forme en est gracieuse et le prix peu élevé.

Le dépôt est chez M. Hubert, cordonnier breveté, rue des Saints-Pères, n. 20.

SOUFFLETS.

M. Pailliette, rue de la Montagne-Sainte-Geneviève, n. 52, fabrique des soufflets de forge qui donnent deux fois plus de vent, occupent trois fois moins de place, et se vendent 25 pour cent au-dessous du prix des soufflets anciens employés à faire le même ouvrage.

Ces soufflets seront employés avec un très-grand avantage par toutes les personnes qui se servent de forges, depuis le bijoutier-orfèvre jusqu'au forgeron d'enclumes. Le fondeur même reconnaîtra sa supériorité.

Comme ventilateur, un soufflet de 48 pouces donnerait par heure 90,000 pieds cubes d'air nouveau pour remplacer la même quantité d'air vicié dans une salle de spectacle ou de réunion. Deux de ces soufflets sont toujours montés aux forges du sieur Pailliette, où on peut les voir et les essayer.

SPA.

M. Servais, de Spa, peintre-fabricant, rue d'Enghien, n. 14, fabrique de petits meubles et divers objet dits de *Spa*. Sa manière est très-avantageuse, grâce surtout au beau vernis de Spa qu'il a perfectionné et qu'il emploie avec une notable supériorité. C'est un établissement très-favorable aux marchands, aux commissionnaires et aux amateurs qui peignent eux-mêmes; il leur prépare tous ces objets pour tous les genres de peinture et il vernit tous les ouvrages avec le plus grand soin.

TABATIÈRES.

M. Joliet, Palais-Royal, n. 12, galerie d'Orléans, fabrique des tabatières en bois et racines de toutes espèces, doublées et incrustées d'or, d'ivoire et d'écaille. Ces objets ne laissent rien à désirer pour leur perfection. Les procédés nouveaux appliqués par M. Joliet à la dissection des bois, et l'étude qu'il a faite pendant vingt-ans de ce genre de fabrication, lui ont permis de donner à ses boîtes une telle solidité, qu'il garantit toute pièce sortie de son établissement. Il se charge de confectionner sur dessins toute espèce de boîte avec les chiffres et les incrustations les plus riches. Il a réuni en outre, dans son magasin, un assortiment considérable de nécessaires à ouvrage, de toilette, de trousses de voyage, de tabletterie en ivoire, en nacre de perle et en écaille, etc.

TABLETTERIE.

M. Simon, rue Bourg-l'Abbé, n. 22, fabrique des objets de tabletterie, tels que pendules à colonnes, incrustées de nacre et d'or, des garnitures de bureaux, encriers, souvenirs, etc., exécutés avec un soin et un bon goût remarquables.

La fabrique de tabletterie en écaille, bois des îles, ivoire, etc., de M. H. F. VINCENT, rue de Beauce, n. 4, au Marais, offre des produits confectionnés avec le plus grand soin, et les procédés qui sont employés dans cet établissement permettent de les donner à des prix inférieurs à ceux des autres fabriques du même genre.

Les articles principaux sont :

Tabletterie en écaille incrustée d'or et d'argent, ivoire et nacre, ou sans incrustation, telle que :

Tabatières pour hommes, idem pour dames, id. à musique ; bonbonnières diverses, étuis assortis, boîtes à cigares, idem à secrets, carnets à souvenirs, semainiers-tablettes, albums et agendas, notes de bals, visites et pochettes, notes de soirées, boîtes à aiguilles et épingles ; idem à cure-dent, dites mallettes, étuis à visites, faces à mains, nécessaires de dames, boîtes pour musique.

Cadres pour miniatures, ronds, carrés et ovales.

Ebène et façon ébène, bronze doré et mat, citron et érable, palissandre et frène, écaille à mille raies et coins, écaille genre antique, tôle et carton vernis.

Glaces pour portraits et sujets en cheveux, carrés, ronds et ovales.

Verre anglais, glaces surfines, glaces fines, glaces demi-fines, verres bombés.

Planches à listel et bordures ovales pour les doreurs sur bois.

Nécessaires divers.

Boites à ouvrages, idem à lettres, idem à thé, idem à odeurs, idem à gants, idem à filets, idem à bretelles, idem à ceintures, idem à cachemires, idem à foulards, idem à mouchoirs, etc. Nécessaires de dames, garnis et non garnis ; boites d'écarté et de boston, idem à cigarres, idem à couleurs ; tout ce qui a rapport aux nécessaires.

Cadres en sapin du Nord, palissandre, citron, érable, à filets, à marqueterie.

Assortimens de miniatures. de fantaisie pour tabatières, carnets et autres, telles que

Vénus et têtes de femmes, peintures fixées, telles que paysages, marines, etc.

Dépôt de musiques de Genève, Suisse et autres, pour nécessaires, cartels et tabatières, à 15 fr. et au-dessus.

TAFFETAS

ET LÉVANTINES HYGIÉNIQUES.

M. CHAMPION, membre de la Légion-d'Honneur et de plusieurs sociétés savantes, rue du Mail, n. 18.

Ces tissus sont ordonnés par les médecins dans diverses maladies ; ils sont employés comme vêtemens : les gilets ou corsages sont particulièrement recommandés aux hommes et femmes, pour conserver la chaleur naturelle. Les manteaux tant en taffetas qu'en lévantines sont également utiles aux deux sexes, comme préservatifs contre l'humidité et le froid. Ces tissus servent encore à préserver les lits des malades et des enfans.

Les militaires, les marins, les chasseurs, les pêcheurs, apprécieront l'avantage d'un vêtement qui réunit à la plus grande légèreté (un manteau ne pèse que de quatre à sept onces) l'élégance et une longue durée. Satins enduits imperméables, pour manteaux et chapeaux de dames.

Ces mêmes étoffes servent à couvrir les instrumens de musique ; la harpe surtout en obtient le double avantage de laisser paraître l'élégance de ses formes, et d'avoir ses cordes préservées du contact de l'air. Il en est de même pour les instrumens de mathématiques et de physique, pour les billards, siéges de voitures, meubles tapissés, enveloppes de lustres, etc.

Il fabrique avec ces mêmes étoffes des sacs pour conserver les fourrures, cachemires, dentelles, uniformes brodés, et généralement tout ce qui peut être attaqué des vers et de la jaunissure ; plus divers objets pour la toilette des dames.

Tabliers pour bonnes et nourrices, d'une grande économie par leur longue durée et la modicité de leur prix : ils sont unis ou de dessins variés.

Chaussons hygiéniques en peau et en taffetas.

Croisé imperméable, en couleurs, pour collets, manteaux, blouses pour la chasse, rideaux de remises : musettes ou gibecières pour MM. les officiers et chasseurs.

Foulard pour housses de siéges ; tabliers de nourrices , etc.

Ceintures hygiéniques, employées comme exutoires contre les maux de reins et de l'abdomen.

M. Champion a obtenu des médailles aux Expositions des produits de l'industrie et à la Société d'encouragement.

TAFFETAS EPISPASTIQUES.

Le taffetas végéto-épispastique , de MM. MAUVAGE frères , rue Sainte-Croix-de-la-Bretonnerie, n. 16, composé pour l'entretien journalier des vésicatoires, ne contient pas de cantharides et ne doit son action qu'à des préparations végétales. Cette force d'action est indiquée par divers numéros et graduée suivant le besoin ; il est renfermé dans des boîtes contenant trente pansemens ou quinze pansemens, du prix de 2 fr. et 1 fr. 20 c. Ce taffetas qui offre de grands avantages a été approuvé par l'Académie royale de médecine.

TAILLE-CRAYONS.

M. Lahausse, rue du Faubourg-Poissonnière, n. 1, dont nous avons parlé à l'article *Ansérines*, a inventé un petit instrument très-simple qu'il nomme *taille-crayon des écoles*, avec lequel on obtient promptement, et sans aucune difficulté, la pointe la plus fine d'un crayon quelconque, sans se salir les doigts. Ce taille-crayon, qui coûte 5o c., a obtenu les suffrages de la Société d'encouragement et du jury de l'Exposition de 1834.

TAPISSERIES.

Nous devons citer ici les jolies tapisseries de soies, laines, cannevas, et tous les objets de nouveautés et de fantaisie de la fabrique de M. Paul Oppenheim et sœurs, rue Coquillère, n. 27, parce qu'ils sont aussi remarquables par leurs variétés, que par le fini, la grâce et l'éclat de leur exécution.

TEINTURES

M. Feau Bechard, rue du Cloître-Notre-

Dame , n. 6, a inventé un grand nombre de procédés nouveaux pour la teinture des étoffes; il compose une quantité prodigieuse de tons variés, solides et brillans.

M. Schindler, rue de Seine-Saint-Germain, n. 23, remet à neuf toute espèce d'habillement, par des procédés de teintures et apprêts indestructibles; il leur donne une forme nouvelle.

Les prix de ses travaux peuvent faire juger de l'économie qu'ils offrent au public.

Pour découdre , apprêter et refaire les habits , en y ajoutant paremens et boutons de soie.   28 f.

Pour les redingotes droites.   26
Pour les redingotes à poches.   28
Pour les par-dessus.   30
Pour les manteaux sans aucune fourniture.   26

Pour les pantalons avec doublure neuve.   8

Les velours, soieries, boutons de fantaisie, seront payés à part, ainsi que le drap en plus, quand il faudra en fournir.

TEINTURE DES CHEVEUX.

La préparation, dite de Jouvence, de MM. Dufour et Paris, brevetés, passage Choiseul, n. 25, est une composition, au moyen de laquelle on peut teindre la barbe et les cheveux blancs depuis le beau blond jusqu'au noir ; elle est divisée en numéros, c'est-à-dire, en huit teintes différentes.

L'expérience acquise par de nombreux essais bien réussis, a prouvé que la couleur des cheveux teints par ce procédé pouvait rivaliser avec les couleurs naturelles.

Cette composition a, de plus, le grand avantage de ne pas salir les cheveux, ni de corroder la peau.

La livre se vend 12 fr.

Pour assurer du succès les personnes qui voudront essayer de cette teinture, l'auteur en fera lui-même l'application pour la première fois.

TOURNEBROCHE.

M. Cosnuau, serrurier-mécanicien, rue Saint-Denis, n. 302, s'occupe particulièrement de la fabrication des tournebroches, et y apporte un soin et une perfection très-remarquables. On en trouve dans son magasin, au prix de 30 fr. à 200.

VERNIS.

On doit à M. Soehnée, chimiste, rue Neuve-de-la-Fidélité, n. 22, un nouveau vernis pour les tableaux, les fresques et les aquarelles, qui réunit toutes les qualités requises pour être un vernis parfait : il est incolore, diaphane. luisant, inaltérable à l'humidité, imperméable, dur et souple ; il possède les bonnes qualités du vernis gras sans en avoir les défauts ; aussi a-t-il obtenu une médaille de la Société libre des beaux-arts. M. Soehnée compose encore un vernis pour le maroquin, le veau, la basane, le parchemin, le papier, le bois et les métaux ; un vernis blanc ou tampon, pour les bois blancs et la marqueterie, etc.

FIN.

TABLE.

FIN DE LA TABLE.

www.ingramcontent.com/pod-product-compliance
Lightning Source LLC
LaVergne TN
LVHW050743200726
843507LV00001B/63